Herder Taschenbuch 1709

## Über das Buch

Negative, weil nicht verarbeitete Erfahrungen der Vergangenheit haben wohl in jedem Spuren hinterlassen; meist unbewußt, stören sie das Seelenleben, reichen bis tief in die Muskulatur und unsere Körperhaltung hinein und schränken den freien Fluß der Energien ein. Hier erste Schritte aufzuzeigen, um einen Weg heraus zu finden, soll das Anliegen dieses Buches sein. Rüdiger von Roden stellt bewährte Methoden aus seiner Arbeit als Seminarleiter und Psychotherapeut vor und gibt einfache und praktikable Anleitungen für eine Reise zu sich selbst. Der Leser fühlt sich eingebunden in den Stufenweg einer zunehmenden Bewußtwerdung und Neuorientierung. Außergewöhnliche Erfahrungen werden möglich. Sie helfen, unser kreatives Potential und unsere Selbstheilungskräfte zu entfalten und uns wieder an unseren spirituellen Ursprung anzuschließen. Besonders im Alltag und in den Beziehungen zu unseren Mitmenschen werden sich die Früchte zeigen.

## Über den Autor

Rüdiger von Roden, Jahrgang 1955, Psychotherapeut und Heilpraktiker, Schüler und Mitarbeiter von Prof. Dr. Karlfried Graf Dürckheim und Dr. Maria Hippius-Gräfin Dürckheim, baut auf ihren Einsichten auf und verwirklicht sie in seiner Form intensiver Gruppenarbeit; Entwicklung einer eigenständigen Richtung ganzheitlicher, selbsterfahrungsorientierter Therapie. Nach dem Studium der Sozialpädagogik als Suchtkrankentherapeut in der Diakonie tätig. Später Studium der Psychologie. Psychotherapeutische Praxis in Braunschweig. – In der Herderbücherei sind bisher erschienen: „Heilwerden durch sich selbst“ (1982), „Aus DIR mach WIR“ (1984) und „Sich selbst zur Heimat werden“ (1987).

Rüdiger von Roden

# Reise zu dir selbst

## Ein Begleiter für den inneren Weg

*Mit Illustrationen von Hanni Køhrst*

Herder Taschenbuch Verlag

Originalausgabe
erstmals veröffentlicht als Herder-Taschenbuch

Buchumschlag: Walter Emmrich


Herder Freiburg · Basel · Wien
Herstellung: Freiburger Graphische Betriebe 1990
ISBN 3-451-08709-X

IN MEMORIAM
KARLFRIED GRAF DÜRCKHEIM

# Inhalt

# Vorwort und Danksagung

Als im Frühjahr 1987 in der Herderbücherei mein Buch *Sich selbst zur Heimat werden* erschienen war, hatte ich mich vom Schreiben zurückziehen wollen, um ganz für die praktische Arbeit verfügbar zu sein.

Es gibt reichhaltige Literatur über die Tragweite eines neuen, transpersonal ausgerichteten Weltbildes, aber meines Wissens wenig, was in einfacher Weise auf Möglichkeiten hinweist, sich selbst in den Prozeß der Transformation zu begeben. Immer wieder sprachen mich Kursteilnehmer und Klienten an, ob nicht ein neues Buch diese Lücke füllen könnte. Überdies häuften sich die Anfragen all jener, die von meiner Arbeit gehört hatten, aber sich kein rechtes Bild über die inhaltliche Ausrichtung und den Stil machen konnten. Ihnen allen soll dieses Buch Antwort geben.

Ich bin überzeugt, daß wir am Beginn einer neuen, menschlicheren Epoche stehen. Zwar werden Erfahrungen, wie die im Folgenden beschriebenen, nicht erst seit heute gemacht. Kleine Zirkel hielten das Wissen um die Möglichkeiten, persönliche Wachstumsprozesse einzuleiten und zu fördern, geheim. Heute spannen sich weltweit Netzwerke aus, um allen, die es suchen, dieses Wissen und entsprechende Erfahrungen zugänglich zu machen.

Auch wenn es angesichts vieler kritischer Situationen auf unserem Planeten durchaus wünschenswert erscheint, einen großen Schritt hin zur Bewußtwerdung zu tun, sollten wir uns doch vor lockenden Schnellzeitverfahren hüten. Rechte Fortschritte auf dem inneren Weg brauchen ihre Zeit und bedürfen vor allem der ernsthaften Arbeit an sich selbst.

Werden wir nach innen hin durchlässiger, fallen auch die Mauern, die uns von den anderen trennen. Die Welt, in der wir leben, läßt sich lebenswert gestalten, wenn wir bereit sind, immer wieder auch bei uns selbst zu beginnen.

Die Illustrationen stammen von Hanni Køhrst. Sie ist freischaffende Künstlerin und leitet gemeinsam mit ihrem Mann ein Kreativzentrum in Braunschweig. Frau Køhrst hat über längere Phasen an meinen Kursen teilgenommen und kennt die von ihr gezeichneten Themen aus eigener Erfahrung.

Frau Dr. med. Irene Jend-Rossmann Dank für Ihre Teilnahme an der Korrektur des Buches.

Mein besonderer Dank für Ihre jahrelange persönliche Unterstützung und die Förderung auch so mancher Klienten und Kursteilnehmer gilt meiner Lehrerin Frau Jutta Wrede, Braunschweig.

Weiter bedanke ich mich bei all jenen, die durch ihren oft selbstlosen Einsatz die Kurse ermöglichten und organisierten, namentlich Prof. Dr. Werner Haverbeck und seine Frau Ursula Haverbeck-Wetzel/Vlotho, P. Bruno Schäfer/Olpe und Günter Martin/Zeven.

In den letzten Jahren beeindruckte mich besonders die Arbeit von Dr. Stanislav Grof, der seine in Prag begonnene Erforschung außergewöhnlicher Bewußtseinszustände 1967 in den USA fortsetzte, wo er heute lebt.

Graf Dürckheim ist am 28. Dezember 1988 im Alter von 92 Jahren gestorben. Seiner Lehre, die er gemeinsam mit Dr. Maria Hippius-Gräfin Dürckheim begründete, verdanken mit mir viele Suchende der jüngeren Generation wesentliche Impulse für eine ganzheitliche, initiatisch ausgerichtete Arbeit.

Braunschweig, im Frühjahr 1990 *Rüdiger von Roden*

# I.
# Unterwegs zu sich selbst

Wer sich an die Vergangenheit
nicht erinnern kann, ist dazu verdammt,
sie zu wiederholen.

*George de Santayana*

## Es gilt, Zeichen zu erkennen

Stellen Sie sich eine Person vor, Mann oder Frau, vielleicht ähnlich gekleidet wie Sie und in Ihrem Alter. – Etwas fehlt ihr. Und obwohl sie nicht recht weiß, was es ist, beginnt sie zu suchen.

Eines Nachts hat sie einen Traum. Er führt sie durch dunkle Straßen bis zu einem etwas abseits gelegenen kleinen Laden. Sie geht hinein und sieht hinter dem Ladentisch einen fremdartigen, rätselvollen Kaufherrn, der sie grüßt und nach ihren Wünschen fragt.

„Ich brauche das Kraut des Lebens, etwas, das mir wieder das Gefühl von Liebe, Sinn und Erfüllung gibt. Auch nach oben möchte ich mich wieder öffnen können ..."

Der Mann hört geduldig zu, lächelt und sagt schließlich: „Es tut mir leid. Ich habe zwar alles, was sie brauchen. Aber wir verkaufen hier nur die Samen."

Man hört, daß durch bestimmte Übungen, Meditation und Bewußtseinserweiterung vieles erreicht werden kann. Etwa in der Partnerschaft oder im Beruf ginge sicher alles einfacher, mit mehr Gelassenheit, Konzentrationskraft, Standhaftigkeit oder was man sich sonst so erhofft. Man möchte besser zurechtkommen und sucht nach einem Patentrezept. Oder aber der Alltag mit seinen vielfältigen Anforderungen und Verpflichtungen braucht seinen Gegenpol. So manch einer fühlt sich gestreßt, überanstrengt und abgespannt, und will nun lernen, „zur Ruhe zu kommen", „abzuschalten" oder „auszuspannen".

Andere wiederum sind neugierig auf bestimmte Erfahrungen,

die mit dem Flair des Geheimnisvollen die Reise nach innen umgibt. Vielleicht wurde von asiatischen Meistern gehört, ihren Versicherungen, daß der Mensch Großes vollbringen könne. Von schmerzunempfindlichen Fakiren oder über den Dingen stehenden Heiligen und deren ganz unerklärlichen Wundertaten. Man erinnert sich an Aussagen westlicher Wissenschaftler, die bestätigen, daß wir nur einen Bruchteil unserer Möglichkeiten nutzen. Und man möchte gern selbst in den Genuß „übernatürlicher" Fähigkeiten kommen, sei es, um damit die eigene Person aufzuwerten, oder auch um sie im Dienste von anderen einzusetzen.

All solche Wünsche sind verständlich. Es gibt kaum einen, der nicht mehr Ruhe und Gelassenheit gebrauchen könnte. Wieviel Leid würde sich mildern lassen, wenn wir unserer natürlichen inneren Ressourcen teilhaftig wären, anstatt uns im Kampf um Gewinn und Anerkennung gegenseitig aufzureiben.

Doch auch wenn es durchaus möglich sein mag, das Üben für solche Zwecke einzusetzen – letztlich geht es um die Vertiefung unserer Achtsamkeit für jenes höhere Selbst, das uns auf dem inneren Weg erfahrbar werden kann.

*

In wohl jedem von uns haben negative, weil nicht verarbeitete Erfahrungen der Vergangenheit Spuren hinterlassen. Bei der Arbeit auf dem inneren Weg geht es zuerst auch um die Auseinandersetzung mit den eigenen Verknotungen. Solange sie unbewußt bleiben, stören sie das Seelenleben, reichen sogar bis tief in die Muskulatur und unsere Körperhaltung und schränken den freien Fluß der Energie ein. – In dieser Unbewußtheit liegen wesentliche Gründe für unsere Erschöpfungen und unser Ruhebedürfnis.

Die äußeren Auslöser sind vielfältig: die Verhältnisse, das Wetter, die Leute auf der Straße, die Arbeit, das Betriebsklima, zu viele Überstunden, der Chef, die falschen Freunde, die uneinsichtige Familie, der Streß, ein Gläschen über den Durst, Medikamente, zuviel gegessen, das Alter, ein Magengeschwür, zu wenig Schlaf, Angst, Sorgen, Unwohlsein, ... Sie bemerken, diese Liste könnte noch lange fortgesetzt werden. Und auch wenn wir versuchen, ehrlich zu sein, und uns immer näher herantasten, an uns selbst, kommen wir im Grunde damit nicht weiter.

Wenn einer der Auslöser auf uns einwirkt, läuft in uns ein bereitliegendes „Programm" ab. Wir verhaken uns in Schuldzuweisungen, finden Begriffe für alles, was möglicherweise nicht in Ordnung ist.

Manch einer versucht nun, sich einfach „umzupolen". Er hat vielleicht erkannt, daß es wenig bringt, gegen die Umstände anzugehen. Und er möchte die alten Programme durch neue, ihm bequemere und wünschenswertere ersetzen. Doch solche Selbsthilfe-Maßnahmen sind nur dann von Erfolg gekrönt, wenn es gelingt, das Bewußtsein zu vertiefen und die verborgenen Ursachen der unliebsamen Reaktionen in den Blick zu bekommen. Alles andere bleibt Fassadenputz.

Das bekommen wir besonders überall dort zu spüren, wo ein Symptom beseitigt wurde oder wegfiel. Früher oder später wird es durch ein anderes ersetzt.

Die folgenden Fallbeispiele stammen aus meiner Arbeit als Psychotherapeut und als Leiter von Seminaren in der freien Erwachsenenbildung. Sie sollen verdeutlichen, wie befreiend es sein kann, sich selbst auf die Spur zu kommen. Innere Konflikte können unser Leben beeinträchtigen, solange ihre Ursachen im Dunkeln bleiben.

Damit in einer Gruppe das Sichkennenlernen erleichtert wird und ein intensiverer Kontakt untereinander zustande kommen kann, nennen wir uns innerhalb der Seminararbeit beim Vornamen. Um die Anonymität zu gewährleisten, habe ich in allen Beispielen die Namen der Betreffenden geändert und inhaltlich unwesentliche Sachverhalte ausgetauscht. Biographische Daten wurden beibehalten, sofern sie für die subjektive Einordnung der geschilderten Erfahrungen wichtig sein könnten. Auch wenn mitunter sehr Persönliches zur Sprache kommt, ist es doch so ausgewählt, daß jeder eigene Anteile darin wiederfinden kann.

*Eva wird sechzig. Sie hat viel erlebt, Bekanntschaften, Reisen, drei geschiedene Ehen, mehrere Berufswechsel. Zunächst als Stewardeß arbeitete sie später als Fremdsprachenkorrespondentin. Überall kam sie mit vielen Leuten zusammen. Heute ist es einsamer um sie geworden. Viel Zeit habe sie jetzt und könne eigentlich etwas für sich tun. Wenn da nicht so ein unbestimmtes Gefühl wäre, irgendetwas zu versäumen. Nachts könne sie nur schwer einschlafen. Wenn sie die Augen schließe, stürmten eine Unzahl von Bildern auf sie ein, „Erinnerungen an bessere Tage". Überdies plagen sie seit einem Jahr periodisch auftretende Kreuzschmerzen.*

*Sie nimmt die Kursangebote bereits seit einiger Zeit für sich wahr. Zuletzt hatten wir uns vor zwei Monaten gesehen. Damals konnte sie sich nur langsam auf die anderen Teilnehmer einlassen. Immer wieder war sie mit ihren Gedanken außerhalb des Gruppengeschehens gewesen, vermochte jedoch nicht zu sagen, was in ihr vorging. Zum Abschluß hatten wir abgesprochen, daß sie in Zukunft regelmäßig meditiert. Da ihr die Kreuzschmerzen derart zusetzten, finden wir einen stabilen Meditationssitz auf einem Stuhl.*

*Sie hat gute Erfahrungen damit machen können. Es gelingt ihr, Gedanken und Bilder immer wieder loszulassen und auch die Schmerzen besser anzunehmen. Der Erfolg wirkt sich bereits in ihrem Alltag aus. Sie ist weniger fahrig, kann besser Ordnung halten, und auch die Nacht erlebt sie nicht mehr als so bedrohlich.*

*Es scheint wirklich „alles in Ordnung" zu sein. Dieses Mal nimmt sie an einem Intensivkurs teil. Sie ist jetzt mehr dabei und genießt von Anfang an die Gemeinschaft mit den anderen.*

*Die Teilnehmer entscheiden sich für eine strengere Arbeitsweise. Um diesen Rahmen voll auszuschöpfen, werden die in den Tagesablauf eingebundenen Meditationsübungen über längere Zeit als gewöhnlich praktiziert.*

*Eva klagt bald wieder über ihre Kreuzschmerzen. Während einer Einzelsitzung innerhalb der Gruppe soll sie eine Körperhaltung einnehmen, die diesen Schmerzen am ehesten entspricht. Sie rollt sich eng auf dem Boden zusammen.*

*Als sie die Anweisung erhält, ihr momentanes Gefühl noch deutlicher zu machen, nimmt sie spontan ihren Daumen in den Mund. Unartikulierte Laute begleiten strampelnde Bewegungen, die ihren ganzen Körper erfassen. Sie soll einfach darin bleiben, dabei tief atmen und fühlen, was geschieht.*

*Nach einer Weile nehmen die Bewegungen zu. Das Wimmern verstärkt sich zu einem qualvollen Crescendo. Wir unterstützen sie dabei, indem wir die zusammengerollte Haltung von allen Seiten verstärken.*

*Bevor eine tiefe Entspannung eintritt, spitzt sich die Situation noch einmal dramatisch zu. – Eva berichtet später, ihre Geburt wiedererlebt zu haben. Als wir versuchten, sie mit unseren Händen in die enge Haltung zu drücken, war sie sich unserer Anwesenheit nicht mehr bewußt. Nach der „Austreibungsphase" habe sie sich auf einmal ganz neu gefühlt. Auch die Kreuzschmerzen waren verschwunden.*

Lassen wir diese Erfahrung zunächst einmal für sich sprechen. Bevor Eva sich ausführlicher dazu äußerte, hatte die offensichtliche Geburtssituation bereits als solche auf die Teilnehmer gewirkt. Viele fühlten sich ähnlich angerührt, als wären sie Beobachter einer realen Geburt gewesen.

*

Wohl jeder hat schon früh Erfahrungen machen müssen, die andere Reaktionen verlangt hätten, als sie damals möglich waren. Einem Angriff auf unsere Person etwa, verbal oder körperlich, würden wir heute mit direkter Verteidigung oder zumindestens doch dem Versuch einer Klärung begegnen.

Aber nicht immer haben wir die Chance, auf offene Weise zu parieren. Oft muß der Ausdruck heruntergeschluckt und statt dessen eine Haltung eingenommen werden, die mögliche neue Angriffsflächen einschränken soll.

Dieser Schutz offenbart sich im Verhalten des Betreffenden ebenso wie in den neuro-muskulären Strukturen seines Körpers. So können wir „nein" sagen, wenn uns etwas nicht gefällt, oder wir unseren Unwillen kundtun wollen. Doch auch, ohne daß wir es aussprechen, verstehen die anderen unseren damit einhergehenden Körperausdruck.

Das Schütteln des Kopfes ist unmißverständlich. Auch die aufgestellten Stirnfalten, hochgezogene Schultern oder ineinanderverschränkte Arme können diesen Zusammenhang noch deutlich machen. Schwieriger ist es, wenn der Ausdruck tiefer zurückgenommen wurde und unter Umständen der Betreffende selbst seine Ablehnung nicht mehr als solche zu spüren vermag.

*Als Kind entwickelte Klaus eine ernste Sprachstörung, die seine Lehrerin veranlaßte, mit dem überstrengen Vater zu sprechen. Bis heute hat Klaus diese Blockierung nicht ganz überwunden.*

*Wenn es Susannes Mutter nicht so gut ging, hatte sie Migräne und konnte sich zurückziehen. Dann mußte Susanne für ihre jüngeren Geschwister sorgen. Jetzt hat sie selber peinvolle Migräneanfälle, ein Zeichen für ihre Umwelt, daß sie mit ihren zahlreichen Aufgaben als Hausfrau und Mutter überfordert ist.*

*Früher weigerte sich Cornelia zu essen, wenn ihre Eltern sich abends bei Tisch stritten, weil der Vater später noch mit seinen Freunden verabredet war. Das kam ziemlich häufig vor. Heute ist sie magersüchtig.*

Die Erfahrungen unserer Lebensgeschichte haben uns geprägt. Und das um so mehr, insoweit sie lediglich erlitten, und nicht auch gefühlsmäßig durchlebt wurden. Dann bilden sie ein Heer von Schattengestalten, das immer dann gegen uns auf den Plan tritt, wenn es uns nicht so gut geht und wir besonders anfällig sind für das, was noch offen in uns ist oder unerkannt schwelt.

## Wo beginnt Erinnerung?

Je weiter der Zeitpunkt reicht, wo uns die damals unannehmbare Erfahrung widerfuhr, desto stärker wirkt die Verdrängung. Der seelische Schmerz eines Kleinkindes etwa, das für sein Schreien mit Liebesentzug bestraft wird, durchläuft andere Filter als die Ohrfeige, die ein Teenager bekommt, weil die nächtliche Ausgangssperre nicht eingehalten wurde. In beiden Fällen aber speichert der Organismus die Erfahrung. Auch dann, wenn das Gedächtnis die entsprechenden Wahrnehmungen, Erlebnisse,

Vorgänge und Bedeutungen aktiv nicht ins Bewußtsein heben kann.

Einen überzeugenden Hinweis auf dieses Organgedächtnis oder Körperbewußtsein bekommen wir in der praktischen Arbeit immer dort, wo es um Erfahrungen geht, die in ein Lebensalter fallen, wo aus biologischer Sicht noch keine Erinnerungen daran gespeichert sein können. Die Gedächtnisleistung gilt allgemein an das Großhirn geknüpft. Im Alter von sechs Monaten sind die in Frage kommenden Schaltzellen noch nicht genügend ausgebildet.

Demnach dürfte ein Säugling sich an nichts mehr erinnern, ja, jegliche Eindrücke einer noch so negativen Umwelt unbeschadet überstehen. Wir wissen aber, daß gerade die ganz frühen Kindheitserfahrungen beinah unauslöschlich in uns eingegraben sind. Daß wir uns nicht an sie erinnern können, sagt lediglich etwas über die Tiefe aus, in die sie verschüttet sind. Inwieweit Erfahrungen aus noch früheren Zeiten in Betracht kommen, zeigte das Beispiel von Eva und ihrer „Geburt".

Können wir in diesem Zusammenhang nun aber von einem „Wiedererleben" im engeren Sinne des Wortes sprechen? Wir müssen diese Frage bejahen, wenn solche Erfahrungen sich mit dem Geschehen während der realen Geburt decken. Als wiedererlebt Beschriebenes dürfte dem Betreffenden wirklich widerfahren sein. Und es gibt in der Tat immer wieder erstaunliche Übereinstimmungen. Meist sind es Mutter und Vater, die hier befragt werden können und Einzelheiten bestätigen.

Doch erscheint das unwesentlich – im Vergleich zu den *empfundenen* Wirklichkeiten –, wenn das Geschehnis an sich noch einmal im Erleben eines Menschen Gestalt gewinnt.

In der praktischen Arbeit gibt es immer wieder Erfahrungen, die auch durch den Einbezug des Geburtstraumas nicht ausreichend erklärt werden können.

Bereits wenn es um die persönliche Geschichte geht, sind Erinnerungen oft durch Symptome überzeichnet, die in keinem Zusammenhang zu den tatsächlichen Ereignissen der Vergangenheit zu stehen scheinen. Sprachfehler etwa oder Verhaltensauffälligkeiten wie das Bettnässen gelten im allgemeinen als klassische Hinweise auf nicht verarbeitete Traumen. Geben jedoch analytische Bemühungen auch nach Jahren keinen Aufschluß, darf gefragt werden, ob sich nicht vielleicht tiefere Spuren finden lassen, als sie die Lebensgeschichte eines Menschen hinterlassen kann.

Wir brauchen einen erweiterten Bezugsrahmen, um unser Erleben einordnen zu können. Es geht nicht an, daß nur sein darf, was wir verstehen können. Zu Zeiten Galileis galt es als Ketzerei, die Erde nicht als Mittelpunkt der Welt zu sehen. Noch vor hundert Jahren war der Flug zum Mond reine Utopie. Doktrinen und Un-vernunft beschränkten den geistigen Horizont. Man saß auf seiner Scholle fest und wagte nicht, den Boden aufzulockern, aus Angst, er könne neben der gewünschten Saat auch Fremdem in sich Raum zum Wachsen geben.

Heute weiß jedes Schulkind, daß die uns umgebende Welt in ständiger Verwandlung begriffen ist, und auch scheinbar massive Gegenstände in Wirklichkeit aus einzelnen Atomen mit Leerräumen dazwischen bestehen – auch wenn wir es nicht wahrnehmen können, weil unser Sehvermögen dafür nicht ausreicht.

Vielleicht wird es morgen für uns ganz natürlich sein, daß unser so allgegenwärtig erscheinendes Ich lediglich ein Abglanz menschlicher Möglichkeiten ist und wie ein Trabant um die Sonne unseres höheren Selbst kreist. Und daß alle, auch die schmerzhaften und unangenehmen Erfahrungen, nur dem einen Zweck dienen: uns für die Vereinigung mit dieser eigentlichen, universalen Mitte reifen zu lassen.

## Wiederbeleben früh verkapselter Ereignisse

*Anna, neunundvierzig Jahre alt, ist überzeugt, früher des öfteren mißhandelt worden zu sein, kann sich jedoch an nichts Konkretes erinnern. Ihren Eltern gegenüber empfindet sie eine unbestimmte Abneigung, obwohl ihr die älteren Geschwister immer wieder versicherten, daß ihre Vorwürfe unbegründet seien. Alle wären liebevoll erzogen worden und besonders sie, die Jüngste, habe die Aufmerksamkeit der ganzen Familie erhalten.*

*Anna nimmt an einer aufbauenden Gruppe teil, die über mehrere Wochenenden läuft. Hier ist es möglich, sehr intensiv einzusteigen. Während der letzten Treffen haben alle durch sogenannte Rückführungen Einblicke in die Stufungen ihres Erlebens bekommen. Hierbei handelt es sich um eine Methode, durch die es möglich wird, die Grenzen des normalerweise festen und unbeweglichen Raum-Zeit-Bewußtseins zu erweitern.*

*Anna: „Je tiefer ich mich* (während einer solchen Übung) *auf meinen inneren Prozeß einlasse, um so inniger wird alles. Es ist, als würde die Zeit zurücklaufen. Ich brauche einfach nur nachzugeben, und schon geschieht es ... Ich bin dann mitten drin, unmittelbar in der Vergangenheit. Wenn ich mich sonst an etwas erinnere,* weiß *ich, daß ich* hier *bin. Aber bei diesem Zurückgehen* fühle *ich noch einmal ganz plastisch, was* damals *geschehen ist ... Ich sehe, rieche, schmecke es; rein sinnlich, mit allem was dazugehört. Sogar berühren kann ich es ... Etwa wie im Traum, nur daß ich nicht schlafe.*

*In einer der letzten Sitzungen hat auch Anna eine Erfahrung gemacht, die sie als das Wiedererleben ihrer Geburt beschreibt. Hier ihr Bericht: „Bei der näheren Vergangenheit beginnend, ging ich Jahr um Jahr zurück. Ich sah mich in verschiedenen Lebensaltern. Alles war in Ordnung, nichts behinderte mich, bis auf diese alte, unbestimmte Angst, bestraft zu werden, dieses Gefühl körperlicher Mißhandlung, das mich so lange ich denken kann begleitet hat. Obwohl ich immer wieder Ausschau nach Ereignissen hielt, die vielleicht damit zusammenhängen, waren mir doch alle zugewandt ... Ich lag im Kinderwagen. Meine Mutter strahlte mich an. Der Vater liebkoste mich. Mir kamen die Tränen und ich war glücklich.*

*Dann der erste Schrei. Ekstatisches Wiedererleben meiner Geburt ... Überall in mir kribbelte es, und ich fühlte, es geht weiter. Weiter zurück ... Im Bauch meiner Mutter. Es war so rundum gut, in dieser warmen, dunklen Geborgenheit wachsen zu dürfen. Ich spürte mich als drei-, zwei-, einmonatiges Leben, dann wurde es neblig.*

*Und da war ein merkwürdiges Ziehen von oben. Ganz unbeschreiblich. Als würde etwas mich rufen. Dann sah ich, wie meine Eltern zusammenwaren. Meine Zeugung. Ich sah es, schaute zu. Ich spürte ihre Liebe. Wieder weinte ich vor Glück.*

*Alles wurde licht um mich, und ich hatte das Gefühl, daß alles gut ist und ich endlich angekommen, aufgehoben, befriedet wäre. Ich weiß nicht, wie lange ich dort war. Aber irgendwann spürte ich wieder dieses Ziehen. Ich konnte es gut geschehen lassen. Auf einmal viele Menschen vor mir, lustige Gestalten, mit bunten Kostümen. Sie tanzten und schienen sehr fröhlich zu sein. Doch als dieses Ziehen stärker wurde und ich näher herankam, bemerkte ich dämonische Verzerrungen in ihren Gesichtern. In ihrer Mitte lag ein lebloser Frauenkörper, mit blutigen Striemen bedeckt. Ich schrie auf, wollte zurück, in das Licht. Doch nun ging alles mit einer ungeheuren Geschwindigkeit.*

*Ich mußte weiter, wurde in diesen Körper, der dort lag, hineingezogen ... Ich fühlte mich im Zentrum einer schrecklichen Mißhandlungsszene, war wie erstarrt, wollte nicht weiter. Es ist genug, schrie ich.*

*Und jetzt wiederholte sich alles noch einmal, nun in der richtigen Reihenfolge: Die Qualen, der Tod, das Licht, Empfängnis, Schwangerschaft, Geburt, ein Strang meines Lebens, mit seinen Auswirkungen bis zum heutigen Tag.*

Ein merkwürdiger Bericht. Aber bei genauem Hinhören, stellen sich vielleicht bei jedem eigene Erinnerungen ein. Hat nicht schon jeder einmal ähnliches geträumt? Gibt es nicht immer mal wieder Augenblicke, wo Unverständliches uns aus tiefsten Tiefen anrührt? Wer kennt nicht das unbestimmte Gefühl, von etwas Wichtigem, ihn in seinem Kern Betreffenden berührt zu sein, ohne es doch näher fassen zu können?

Wer einmal Zeuge einer solchen Erfahrung gewesen ist, kann sich des Gefühles nicht länger erwehren, daß hier etwas *erlebt* wird, nicht nur seelisch-mental, wie im Traum, sondern tatsächlich, sozusagen leibhaftig. Starke Bewegungen und Bewegtheiten treten auf. Alles wird als gegenwärtiges Geschehen empfunden. Es wird getreten, gestoßen, geschlagen, sich gegen Hindernisse gestemmt. Ergreifende Begegnungen mit oft bereits längst Verstorbenen ereignen sich in einer Lebendigkeit, als würde derjenige in diesem Moment gegenüberstehen, mit ihm gesprochen, in die Arme genommen werden. Alle nur erdenklichen Emotionen und Gefühle werden ausgedrückt.

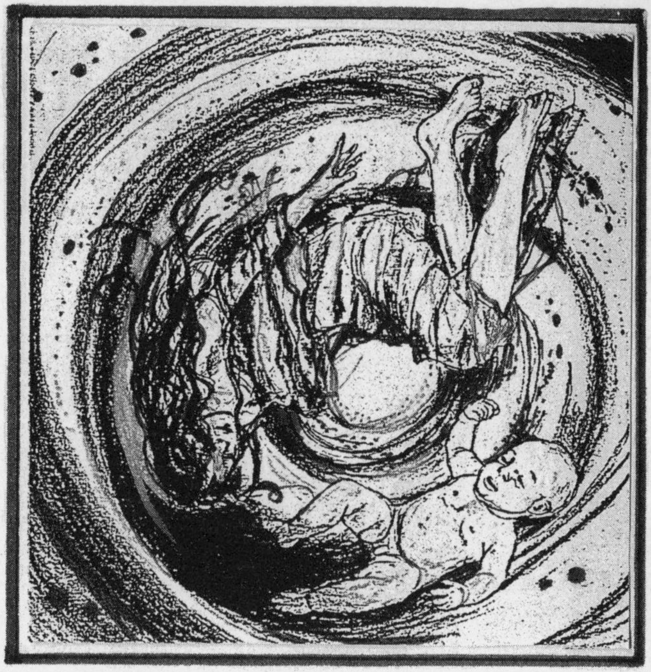

## Ungeordnetes richtet sich aus

Hier noch ein biographischer Nachtrag zu Anna. Sie lebt seit acht Jahren mit einem festen Partner zusammen, arbeitet in der Personalabteilung eines großen Wirtschaftsunternehmens und fährt einmal im Jahr für drei Wochen in den Urlaub.

Auf die Idee, etwas für sich zu tun, kam sie, als sich mit Eintritt der Wechseljahre immer häufiger Stimmungsschwankungen einstellten. Sie versuchte es zunächst auf dem üblichen Weg, mit Entspannungstraining, Ernährungsumstellung, Freizeitgestaltung. Eine Freundin brachte sie schließlich zu einem der Kurse mit.

So wie Annas Lebensweg sind auch ihre Erfahrungen keineswegs ungewöhnlich. Vielleicht nicht so intensiv, wie in dieser vorbereiteten und therapeutisch getragenen Gruppensituation, erlebt doch jeder ähnliches – und das Tag für Tag.

Er muß dafür nicht einmal die Augen schließen. Immer dort, wo ein äußerer Eindruck aufgenommen und nicht bewußt verarbeitet wurde, sorgt ein ganz natürliches seelisches Prinzip für den Ausgleich.

Unser Nervensystem wäre bald überfordert, würden all die unzähligen Eindrücke, die täglich auf uns einstürmen, dem bewußten Erleben zugänglich sein. Vieles wird unmittelbar ausgeglichen, indem wir es spontan in Bewegung umsetzen. Anderes wieder entlädt sich auf der emotionalen, gedanklichen oder gefühlsmäßigen Ebene.

Wenn wir unseren Blick nach innen richten und unsere Aufmerksamkeit vertiefen, scheinen vermehrt Gedanken, Bilder, Vorstellungen, Gefühle, Empfindungen des Leibes aufzutauchen. Sie sind auch vorher dagewesen, doch haben wir sie nicht wahrgenommen. Bleiben wir lange genug bei diesen inneren Abläufen, und nehmen wir eine beobachtende Haltung ein, können wir bemerken, wie das Chaos zunehmend Struktur gewinnt.

Die scheinbar ungeordneten Elemente richten sich aus, vielleicht auf ein Ereignis des Tages hin, das uns in irgendeiner Weise hätte berühren können, aber zum Zeitpunkt des Erlebens nicht genügend Beachtung gefunden hat. Das wird nachgeholt, wenn wir zur Ruhe kommen. Jetzt erleben wir bewußt, was normalerweise unterschwellig abläuft.

Unser seelisches System ist fortwährend damit beschäftigt, all die von außen zugeführten akustischen, visuellen, taktilen Reize zu verdauen. Besonders eindrücklich vollzieht sich dieser Prozeß des Nachts. Die unvollständig aufgenommenen Informationen des Tages werden im Traum gewissermaßen „nachentwikkelt“, vervollständigt. Unser Gehirn wird gereinigt und von unwichtigen Daten entlastet.

In tiefer Gelöstheit, wie sie während der Meditation oder besonderer therapeutischer Übungen auftreten kann, fließt die seelische Energie in die verborgenen Räume. Ein anstehender Gedanke wird zu Ende „gedacht“, der an eine unerledigte Situation gebundene Gefühlsinhalt durchlebt und abgeschlossen. Dann kann es tiefer gehen, weiter zurück, von der Aufarbeitung der Tagesreste hin zu wirklich *Vergangenem*, in frühere und ganz frühe Zeiten.

Wir selbst brauchen dazu nicht mehr zu tun, als einfach immer wieder freizugeben, dem Geschehen seinen Lauf zu lassen. Mischen wir uns ein, wird dieser Prozeß unterbrochen – etwa indem wir meinen, uns zur Ordnung rufen zu müssen, an etwas anderes denken wollen, oder die Augen wieder für die äußeren Gegebenheiten öffnen. Dann ist wohl unsere Aufmerksamkeit eine Zeitlang wieder bei dem, was wir für gut und richtig halten mögen. Aber bei der nächsten Gelegenheit, von uns bemerkt oder unbemerkt, rutschen die Gedanken wieder ins Abseits.

Vergleichbar ist das dem Weg des Wassers. So wie es alle Vertiefungen ausfüllt, bevor es weiterströmen kann, sorgt auch die seelische Energie dafür, daß sich nach und nach alle dunklen Löcher in uns schließen. Stellen wir ihm einen Widerstand entgegen, staut es sich und bricht irgendwann mit Gewalt hindurch.

*Harald kommt mit einer Darmentzündung in die Praxis. Eine Scheidung liegt drei Jahre zurück. Seit einem Jahr hat er Probleme mit seiner Gesundheit. Damals lernt er Sabine kennen. Seinen Freunden fällt die Ähnlichkeit mit seiner geschiedenen Frau auf. Obwohl sie sich über ihre Gefühle nicht sicher sind, ziehen beide zusammen. „Weil sie das Kind erwartete“, sagt er. Es gab viel Streit zu*

*Hause. In seinem Beruf als Steuerberater machte er immer häufiger Überstunden, „um für die Familie eine solide Grundlage zu schaffen". Als Sabine mit der Tochter schließlich zu ihren Eltern zieht, wird er krank.*

*Rita trinkt. Wenn Sie ein Problem hat, greift sie zur Flasche. Für ein paar Stunden geht es ihr dann besser. Doch wenn die Wirkung des Alkohols nachläßt, kommt es zum „Katzenjammer". – Wovor weicht sie aus? Was braucht sie wirklich? Der „Schluck zuviel" ist nur Ersatz für unbefriedigte Bedürfnisse. Er fließt in verborgene Tiefen und füllt sie eine Zeitlang aus. So braucht sie selbst sich nicht zu spüren. – Es geht darum, den Defiziten auf die Spur zu kommen. Nur wenn sich Rita bewußt wird, was sie „hinunterschluckt", kann sie etwas verändern. Vielleicht gibt es andere Möglichkeiten, sich „etwas Gutes" zu tun, ohne dabei den Bezug zur Wirklichkeit zu verlieren?*

*Manfred wird schnell laut. Auch in der Therapie macht er viel Lärm um nichts. Es gibt Übungen, die sehr schnell und gezielt eine gewisse Körperspannung hervorrufen. Wird sie ausgehalten und ausgetragen, folgt wohltuende Entspannung. Manfred fängt wild an, macht dann jedoch bald schlapp. Es geht darum, die Energie* strömen *zu lassen. Statt dessen „pusht" er sie an, mit dem Ergebnis, zu schnell verausgabt zu sein. Er kennt diesen Mechanismus gut. Im Streit mit seiner Freundin sieht er bald rot und gerät außer sich. Im rechten Umgang mit der Körperspannung lernt er, sich seinen Gefühlen hinzugeben, ohne von ihnen überwältigt zu werden. Dadurch erhöht sich die Toleranzschwelle, während weiche Ableitungen für eine sichere Kanalisierung der Kräfte sorgen. So kann er sowohl im Kampf wie auch in der Liebe besser den Augenblick erleben und auskosten.*

## Dem Augenblick Gestalt geben

Was auch immer an Schwierigkeiten auftauchen mag – es sind Prüfsteine, Aufgaben an denen wir wachsen können.

Warum aber erscheinen sie uns so oft als Stolpersteine, die den Weg gefahrvoll machen und im Grunde entbehrlich sind? Es ist unsere Einstellung, die dem Geschehen seine Macht verleiht. Nur wenn wir uns weigern, die verborgenen Chancen in unserem Leben wahrzunehmen, wird es zum Ärgernis.

Wir entscheiden selbst, wie uns das Schicksal begegnen soll. Dem einen ist das zur Hälfte gefüllte Glas bereits „halb leer", dem anderen gibt es Anlaß zur Hoffnung und er erfreut sich daran, daß es „halb voll" ist.

Lösen wir uns von der Vorstellung, alles müßte reibungslos gehen. Auch in unserem Üben auf dem inneren Weg wird es immer wieder Zeiten geben, wo Schwierigkeiten gehäuft den Weg in die Tiefe zu verbauen scheinen. Es kann nicht oft genug gesagt werden, wie wichtig es ist, dann erst recht dabeizubleiben. Das Zulassen einer Spannung, von vermehrten Gedanken, unbestimmten Gefühlen gehört mit zum Prozeß. Sie können vorübergehend sein, aber auch stärkere Energieballungen ankündigen. Dann ist es wichtig, behutsam mit sich umzugehen. Es hat keinen Sinn, die eigenen Grenzen zu durchbrechen.

Fruchtbar wäre es, sie zu *erfahren.* Oft erscheint uns etwas unerträglich, bevor wir es überhaupt als solches gespürt haben. Doch es ist nicht mehr als die Vorstellung davon, daß es unerträglich sei. Wir weichen aus, ohne dem Geschehen begegnet zu sein. So taucht zur rechten Zeit irgendein unbestimmtes Schmerzgefühl auf, es ziept und zuckt. Oder eine Sturmwelle durcheinanderwirbelender Gedanken droht uns zu ersäufen. Lassen wir sie über uns hinwegschwappen, scheint vielleicht bald wieder die Sonne. Es wäre schade, sich um solche Erfahrungen zu bringen. Denn mit der Bewältigung der kleineren Fallstricke und Schwierigkeiten – die jedem ernsthaft Suchenden das Fortkommen immer mal wieder erschweren – wächst die Stabilität und die Fähigkeit, auch einmal größeres anzugehen.

Irgendwann müssen wir uns den „schwarzen Löchern" unserer Tiefe stellen. Wir wissen, sie sind aus der Ignoranz gegenüber einem früheren Erlebnis entstanden. Immer wieder beanspruchen sie unsere Lebenskraft, saugen uns aus, berauben uns unserer Gegenwärtigkeit. Wie in einem Strudel verschwinden die Energien und gehen unserem persönlichen Wachstum verloren –, wenn keine Anbindung an unsere bewußte Aufmerksamkeit erfolgt, und wir bereit werden, die tieferen Ursachen unseres Gestörtseins zu erforschen.

*In dem sich einer Übung anschließenden Gruppengespräch berichten die Teilnehmer von ihren Erfahrungen. Wilhelm ist „abwesend". Als er angesprochen wird, fährt er zusammen und weiß nicht, wovon die Rede war.*

*Martina sagt, sie könne den Phantasiereisen nicht folgen. Zwar fühlt sie sich dabei gut, alles sei angenehm und bald käme eine wohlige Entspannung. Doch irgendwann schlafe sie ein und wisse im anschließenden Austausch von nichts.* – Wann geschieht es genau? *Sie achtet darauf, und bald wird deutlich, daß sie immer dann aussteigt, wenn eine Vertiefung der Aufmerksamkeit ansteht.*

*Hans meditiert seit zwei Jahren. In letzter Zeit fiel es ihm schwer, sich zum Üben aufzuraffen. Es habe ihn gestört, daß nichts passieren würde. Die Zeit schien ihm vergeudet. – Er hatte dennoch weitergeübt. Ihm wurde klar, daß sich in dieser „Langeweile" ein neuer Schritt vorbereitet hatte. Seitdem sind ihm, auch außerhalb der Meditation, die Zeiten, wo „nichts" geschieht, besonders wichtig.*

*

Ein jeder definiert für sich selbst den Rahmen, in dem sich Erfahrungen ereignen können.

Wenn wir sagen, auf dem Weg gehe es zunächst um einen zunehmenden Klärungs- und Reinigungsprozeß, sind wir uns bewußt, daß dieses Ordnen unserer unerledigten Geschäfte seine Grenzen hat. Sie liegen dort, wo wir die Grenzen unserer Möglichkeiten ansiedeln. Glauben wir etwa, daß unsere Geschichte nur bis gestern reicht, wird alles, was davorliegt, schwerlich von unserer bewußten Aufmerksamkeit erfaßt werden können. Beziehen wir die Möglichkeit mit ein, daß auch frühere nicht verarbeitete Eindrücke uns beeinflussen könnten, wird es uns leichter fallen, tiefer zu forschen und den eigentlichen Ursachen auf die Spur zu kommen.

Könnte uns dann nicht andererseits eine Einschränkung auf die unmittelbare Gegenwart von der Notwendigkeit einer Bearbeitung unserer Traumen befreien? Diese Frage liegt nahe.

Sollte es uns gelingen, die Möglichkeit, daß die Vergangenheit Einfluß auf uns hat, schlichtweg zu verneinen, müßte uns eigentlich die Auseinandersetzung mit ihr erspart bleiben. Frei nach der Devise, „Was ich nicht weiß, macht mich nicht heiß".

Viele denken so. Sie glauben, es genüge, nur gerade für den Augenblick zu leben und alles nur erdenkliche an Genuß und gegenwärtiger Bedürfnisbefriedigung aus ihm herauszupressen. Dennoch gibt es wenige, die damit am Ende zurechtkommen. Nichts ist umsonst. Irgendwann muß für alles der Preis gezahlt werden.

Etwas ganz anderes ist es, wenn Menschen sich bewußt entscheiden, die Wirklichkeit des Augenblicks in ihrem Leben zuzulassen. Auch wenn sie immer wieder ihre Aufmerksamkeit auf das Hier und Jetzt ausrichten und versuchen, leer zu werden, beziehen sie doch alles andere mit ein. Ja, ihre Grenzen sind so weit gefaßt, daß die Gegenwart überall dort ist, wo sie selbst gerade sind. Das ist eine großartige Weise, dem Augenblick Gestalt zu geben.

Es ist nicht nötig, die Gegenwart unter unsere Kontrolle zu bekommen. Wir können uns ihr einfach hingeben, wenn wir auf unsere unrealistischen Ansprüche an das Leben verzichten. Konzentriertes Üben unterbindet dabei die nutzlose Grübelei, das Kreisen der Gedanken.

Gewinnen unabgeschlossene Ereignisse im Bewußtsein des Übenden Gestalt, zielt er direkt auf den unterbundenen Ausdruck und läßt ihn hier und jetzt zu. Das ist das Wiedererleben im eigentlichen Sinn und Wert. Die Zeit erhält keine Sprünge durch eine willkürliche Einteilung in Vergangenes, Gegenwärtiges und Zukünftiges. Das Geschehen wird, sofern es sich auftut, als Bestandteil des Augenblicks erfaßt.

# II.
# Freiwerden für Verwandlung

> Alle Geheimnisse liegen in vollkommener Offenheit vor uns. Nur wir stufen uns gegen sie ab, vom Stein bis zum Seher. Es gibt keine Geheimnisse an sich, es gibt nur Uneingeweihte verschiedener Grade.
>
> *Christian Morgenstern*

## Magie des Wortes

Erinnern wir uns noch einmal an die beschriebenen „Rückführungen", in denen die Qualität des Wieder-Erlebens exemplarisch deutlich wurde. Entscheidend war hierbei nicht die Anknüpfung an tatsächlich stattgefundene Ereignisse der Vergangenheit. Statt dessen erkannten wir an, daß die Betreffenden einen solchen Zusammenhang für sich herstellen konnten, und zwar über das üblicherweise Vorstellbare hinaus, alle Erlebnisbereiche umfassend – seelisch, geistig und körperlich. Anders ausgedrückt: Es genügt, daß das Erleben sich in einen Bereich ergießt, der unserem Bewußtsein zuvor noch nicht verfügbar war und ihn jetzt voll damit ausfüllt.

Dabei geht es zunächst nicht darum, bestimmte Sequenzen zu analysieren oder zu deuten. Gewiß können die in Meditationen oder tiefeneröffnenden Übungen auftauchenden Bilder auch wichtige Einsichten vermitteln oder auf Umstände hinweisen, die wir bisher übersehen hatten. Doch keineswegs benötigt dieser Erhellungsprozeß unser besonderes Zutun. Statt dessen: einfach dabeibleiben, solange uns eine Erfahrung berührt, wir von ihr angesprochen sind.

Dann läßt sich nach innen horchend fragen, was sie uns sagen will. Die entscheidenden Antworten darauf kommen nicht vom Kopf. Sie entstehen aus der Bezugsspannung zwischen dem Erlebten und unserem Beteiligtsein. Ohne diese energetische Verbindung bleiben wir in all dem befangen, was wir bereits über uns selbst und die Welt wissen.

*

*Birgit, sechsundzwanzig Jahre alt, sieht während ihrer Meditationen ein mit der Spitze nach unten gerichtetes Dreieck, das sich strahlend von einem dunklen Hintergrund abhebt. Diese Erscheinung bewegt sie sehr. Sie fragt sich, was dieses Zeichen bedeutet.*

*Sie zeichnet das Dreieck mit rhythmischen Schwüngen und ständigen Wiederholungen auf ein vor ihr liegendes Papier. Bald paßt sich ihr Atem dieser Bewegung an. Sie geht spürbar tiefer, ist ganz dabei. Plötzlich wird sie langsamer, hält einen Moment inne und malt dann mit schnellen Strichen Zeichen in den Innenraum des Dreiecks. Als sie die Augen öffnet, erkennt sie darin eine geschlossene Rosenknospe, die von dicken Mauern umgeben ist.*

*Während der folgenden Sitzungen entstehen immer wieder Bilder, die dieses Motiv zum Thema haben. Sie kann sich selbst darin erkennen: „Ich schlummere wie Dornröschen in einem Kokon aus Erinnerungen, trauere dem verlorenen Prinzen nach* (ihrem Freund, von dem sie sich vor drei Jahren getrennt hatte). *Niemand anderes kommt an mich heran. Jeder scheitert an der Mauer, die ich selbst um mich her aufgebaut habe. Es ist, als läge ein böser Zauber über mir … Oft erinnere ich mich an die Abschiedsworte eines früheren, abgelehnten Verehrers, ich würde nie ‚den Richtigen' finden."*

Den Symbolen unserer Tiefe wohnt eine eigenständige Dynamik inne, die in Handlung umgesetzt werden wollen. Hilfreich ist ein Medium, oder Ausdrucksfeld, damit sich die energetischen Strukturen offenbaren können. Dafür genügen bereits Stift und Papier. Dann geht es nur noch darum, dabeizubleiben, einer noch offenen Erfahrung, einem unvollendeten Bild so lange seine Aufmerksamkeit zu geben, bis es sich wandelt, entwickelt, vervollständigt, beziehungsweise aufbricht wie – eine Rosenknospe.

*Birgit ist einverstanden, sich im Anschluß an ihre Meditationsübung daheim etwas Zeit zu nehmen, um ihrer „Verschlossenheit" auf dem Papier Ausdruck zu geben. Während der Therapiestunden sprechen wir über die so entstandenen Bilder. Sie entdeckt dabei immer wieder überraschende Bezüge zu ihrer aktuellen Lebenssituation. „Die Bilder spiegeln mich in dem, was mir normalerweise entgeht. Alles erscheint in einer Deutlichkeit, als würde ich durch ein Vergrößerungsglas schauen. Je weniger ich beim Zeichnen will, desto überraschender entwickelt sich die Fülle der Aussagen. Gelingt es mir, etwas von dieser Gelöstheit auch im Alltag zu bewahren, fügen sich die Angelegenheiten wie von selbst zu meinem Besten."*

*In der Zwischenzeit war sie mehrmals mit einem Arbeitskollegen ausgegangen. Während unserer Gespräche wird ihr deutlich, daß sie mit ihm gern eine tiefere Bindung eingehen würde. Doch die Erinnerung an die vergangene, innerlich noch nicht abgeschlossene Partnerschaft hindern sie, ihre Gefühle zuzulassen.*

*Auf dem Papier entsteht mit transparenter Strichführung ein nun mit der Spitze nach oben gerichtetes Dreieck. Die Rose beginnt sich zu öffnen, und es scheint, als würden feine Strahlen von ihr ausgehen. „Liebende Energie, sich aus der offenen Mitte frei entfaltend", nennt sie es. In der Folgezeit entstehen farbige Bilder, in denen sie schrittweise ihre Vision einer* gelungenen *Partnerschaft entwirft.*

*Anfangs bewahrt sie darin noch eine weitläufige Distanz zu ihrem Bekannten. Auf einem der letzten Bilder stehen sie und der mittlerweile zum Freund gewordene einander aufrecht gegenüber, und sie reicht ihm eine in voller Blüte stehende Rose.*

Die persönliche Erfahrung ist durch nichts zu ersetzen. Im therapeutischen Prozeß werden lediglich Hilfestellungen gegeben, damit der Klient seine inneren Widerstände überwinden kann, die einer Bewußtwerdung oft im Wege stehen. Erst später kann es hilfreich sein, auch die Meinung anderer zu hören, oder sich theoretisch damit auseinandersetzen.

In den Kursen machen sich die Teilnehmer im Anschluß an eine erfahrungsreiche Übung oft Notizen. Der Stift wird aufgesetzt und die Aufmerksamkeit ist bei den eigenen Atembewegungen. Der innere Prozeß soll wiederbelebt werden und das Schreiben sich von innen her gestalten. Was dann auf dem Papier erscheint, sind mehr als nur einen Sachverhalt beschreibende Begriffe. Die Worte *leben* durch die innere Beteiligung des Schreibers. Ihre energetische Ladung schafft eine unmittelbare Verbindung zu dem, wofür sie stehen. Zu einem späteren Zeitpunkt wiederholt, führen sie auf direktem Weg in das ursprüngliche Erleben zurück und ermöglichen so die Vertiefung und Strukturierung seines emotionalen Gehaltes.

*Frank arbeitet daheim mit seinen Träumen.*

*Über einige Wochen hinweg hatte er sich gleich nach dem Erwachen Zeit genommen, sie ausführlich aufzuschreiben. Am Abend beschäftigte er sich dann noch einmal damit, indem er ihm wichtig erscheinende Passagen unterstrich. Durch diese regelmäßige Übung vertiefte sich bald der Zugang zu seinem Unbewußten.*

*Heute ist es ihm möglich, sich auf zwei oder drei Stichworte zu beschränken. „Ich habe das Gefühl, damit das gesamte Traumgeschehen der vergangenen Nacht parat zu haben. Es genügt bereits, das Wort zu denken, um im Kontakt mit der Erfahrung zu sein."*

Unsere Vorfahren wußten noch um diese belebende Kraft des Wortes. Was sie vorfanden, war nicht durch naturwissenschaftliche Gesetzmäßigkeiten erklärbar.

Die Welt korrespondierte mit ihrem Erleben. Der Lauf der Sterne hatte einen direkten Einfluß auf das persönliche Geschick. In Wind und Wetter sah man die Äußerungen höherer Wesenheiten. Schicksalsschlägen gegenüber verhielt man sich geduldig, erkannte man darin doch die tieferen Zusammenhänge mit seinem eigenen Denken und Handeln.

Das Wort hatte eine „magische" Bedeutung. Es konnte heilen und Leben spenden, verfluchen, bannen, beschwören. Alles war in dieses Geheimnis der tieferen Bedeutung eingebunden, und man hütete sich, über Dinge zu sprechen, deren Wirkung nicht auch unmittelbar gewollt war.

Heute kommt alles leichter über die Lippen, glauben wir doch, daß uns das Wissen über die „wahren" Zusammenhänge vor den Konsequenzen schützen könnte.

Doch jedes Wort, ob gesprochen oder „nur" gedacht, bildlich vorgestellt, deutlich oder vage gefühlt, zeigt Wirkungen, die den

„magischen Zaubereien“ unserer Vorfahren in nichts nachstehen.

Denken wir doch nur daran, wie allein der Gedanke krank zu sein, auf uns einzuwirken vermag. Kaum einer wird ihm widerstehen können und schließlich nicht auch echte Symptome zeigen, die dem Gehalt einer solchen Aussage entsprechen.

Wir wissen nicht, wie viele Menschen sich ihre Leiden und Probleme auf diese Weise „anhexen“. Gewiß ist aber, daß ein Großteil unserer Krankheiten und Leiden kreativ zum Ausdruck gebracht und von innen her „zu Ende gedacht“, überflüssig werden könnte.

## Stufungen der Bedeutungstiefe

Um der heilenden Wirkung eines Wortes teilhaftig zu werden, müssen wir ihm Tiefe geben. Die energetischen Strukturen der Sprache entwickeln sich von der Oberfläche lexikalischer Begrifflichkeiten hin zu einer den Kern des Menschen berührenden überpersönlichen Bedeutung.

Das Wort Blume etwa gibt auf der sinnlich wahrnehmbaren Ebene die volkstümliche Bezeichnung für blühende Pflanzen wieder. Wir können sie darin beobachten, riechen, schmecken, erfassen, zerlegen, gebrauchen, begreifen.

Zudem ist die Blume eine subjektive Tatsache. Als solche löst sie seelische Prozesse aus. Sie steht für bestimmte Gefühle, regt zum Nachdenken an und vermittelt bis in die Körperstruktur hinein Empfindungen, je nach der Qualität unserer früher mit ihr und um sie gemachten Erfahrungen.

Gehen wir tiefer, entwickeln sich Bilder, die uns die Blume in ihren symbolischen Gestaltungen zeigen. Dieses „Blumige“ öffnet neue Räume, worin wir ihr Sprache geben, mit ihr sprechen, uns eins mit ihr fühlen können, ja, selbst zur Blume werden.

Diese sich bis zur *Einsfühlung* steigernde Einfühlung gibt die Stufen an, auf denen wir gleichsam hinabsteigen können in die innersten Räume unserer selbst. Jedes so Gefühlte hat „verzaubernde“ Kraft. Alles, was wir aus dieser Kraft heraus den Dingen tun, steht in einem unmittelbaren Verhältnis zu uns selbst.

Von dorther können tiefgreifende Verwandlungen geschehen. Heilpflanzen werden zu Heil-Pflanzen, das tägliche Brot zur Nahrung für die Seele, und eine Oblate wird dem Gläubigen zu „Seinem Leib“, worin er seine Gotteskindschaft nicht nur glauben, sondern erfahren darf.

Das Fahrzeug zu solchen Erfahrungen ist das Wort. Sprechen wir es aus, so steigen wir ein, und die Fahrt beginnt. Leider werden nur wenige von ihm in die letzten Tiefen geführt. Die meisten gelangen nicht einmal auf die subjektive Ebene, sondern richten es sich bei den oberflächlichen Bedeutungszusammenhängen ein. Gestützt von Zweifeln, verkapptem Zynismus und wissenschaftsgläubiger Besserwisserei bleiben sie selbst sich außen vor. Werden sie von ihren vernachlässigten Tiefenkräften mehr oder weniger nachdrücklich zum Vorwärtsschreiten gemahnt, setzen gleich unzählige Widerstände und Abwehrmechanismen ein. Dann scheint es, als bezeugten allein die stumpfen Begriffe die wahre Wirklichkeit. Und alles andere sei nur Illusion, Phantasterei oder gar psychopathologischer Aberwitz, der schleunigst gestoppt und behandelt werden muß.

Die Psychotherapie und mittlerweile auch die psychosomatisch orientierte Medizin wollen ihren Patienten helfen, über diese Barriere und falsch verstandene Wirklichkeitssicht hinauszugelangen. Erst wenn sie sich wieder auf das Gefühl und ihre Innerlichkeit einlassen, können die Wunden der Entfremdung heilen – und mit ihnen viele unserer sogenannten Zivilisationskrankheiten nebst der mit ihnen einhergehenden Ignoranz gegenüber unserer Umwelt.

Erst jetzt wird der Zugang zu tieferen Schichten frei. Nun können auch Worte Raum greifen, die aufgrund ihrer ideellen Natur noch weitaus größeren Mißverständnissen ausgesetzt sind, als Beschreibungen der sinnlich wahrnehmbaren Welt.

*Liebe* etwa könnte uns in einen direkten Kontakt mit jener Geisteshaltung bringen, die es ermöglicht, aus der Mitte heraus in Ordnung zu sein und die Welt in einer einzigen weiten Gebärde zu umarmen. Doch häufig wird auf Teilbereiche reduziert, die mit Liebe im Grunde nur mittelbar zu tun haben.

Wir wissen, ausschlaggebend für die beschränkte Definition des Wortes ist der persönliche Bezugsrahmen. Vielleicht war es früher einmal an bestimmte Erfahrungen geknüpft gewesen, die nun immer wieder vor dem inneren Auge des Betreffenden auftauchen, wenn er nur seinen Klang hört. Damit jedoch geht er an der eigentlichen Wirklichkeit vorbei, ja behindert ihre Manifestation in seinem Leben. Erst wenn er hier den Durchbruch schafft, offenbaren sich die tieferen Bedeutungsebenen.

Um im Beispiel zu bleiben: Liebe bedarf „des Anderen", um realisiert zu werden. Das kann ein Partner sein, der Mitmensch, aber auch unsere Mitgeschöpfe, Tiere und Pflanzen, ja, das sogenannte „Leblose", Steine, Dinge ... – mehr noch: die ganze Schöpfung. Die Liebe befähigt, über sich hinaus zu gelangen, hin zum *Du.* Mehr als *Ich* begegnet es uns überall. Wo immer wir die Grenzen unserer Person transzendieren und Neues einbeziehen, verwirklichen wir die ursprüngliche Kraft unseres Herzens.

Diese Möglichkeit, zu wachsen und sich zu verwandeln, meint nicht nur die Welt mit ihren Erscheinungen und Gestaltungen. Gleichzeitig bezieht sie sich auch auf all das, was *in uns* noch ausgespart, unserem Bewußtsein nicht verfügbar ist. Auch zu uns selbst können wir in Beziehung treten. Lieben wir uns in dem, der wir noch nicht sind, aber werden können, öffnen wir uns der Chance, die sich in uns repräsentierende Welt als Teil unseres Seins zu erfassen und mit ihr zu verschmelzen.

Der Weg geht auch hier über die Bewußtwerdung. Ohne die Aufarbeitung der subjektiven Verknotungen knüpft jeder seine Bedingungen, wie „der andere" sich zu verhalten hat und wem er gleichen soll. Die unverarbeitete Vergangenheit bestimmt das Ideal, dem nichts und niemand genügen kann. – Die in unbewußten Mustern erstarrten Urteile und Vergleiche müssen aufweichen. Was erwarte ich vom anderen? Was gefällt mir, was ärgert mich an ihm? Was haben diese Gefühle mit mir zu tun? Wie soll unsere Beziehung aussehen? Gibt es ein gemeinsames Ziel? Wie verhinderte *ich* seine Verwirklichung?

Durch aufrichtiges Forschen nach den Hintergründen unserer Einstellungen und Meinungen können die Blockaden bewußt gemacht und benannt werden. Wird ins Wort gefaßt, was uns behindert und aufhält, kommen wir auch den tieferen Bedeutungszusammenhängen unserer „Liebe" auf die Spur. Jetzt offenbart sich der Kern des Wortes.

Aus dem Kerker der Mißverständnisse befreit, ist *Liebe* immer weniger gekennzeichnet durch jene verknotende Haltung des Besitzen- und Beherrschenwollens. Ein weites Grundgefühl gewinnt Raum, von dem es heißt, der von ihm erfaßte Mensch sei langmütig und freundlich, vertrage alles, glaube alles, hoffe alles, dulde alles. Und unsere Sicht *des anderen* zielt auf seine Essenz, verwirklicht das große *Du*, „in dem wir alle eines sind".

*Petra, achtunddreißig Jahre alt, Biologin. Starke Durchblutungsstörungen in den unteren Extremitäten. Sie macht einen blassen, unlebendigen Eindruck, wirkt irgendwie „hölzern". Da die Beschwerden nur phasenweise auftreten und klassische Behandlungsmaßnahmen keine befriedigenden Ergebnisse brachten, ist sie vom psychischen Ursprung der Symptome überzeugt.*

*Während der letzten fünf Monate haben wir uns wöchentlich zweimal zu Einzelsitzungen getroffen. Tiefgehende Traumen ihrer Lebensgeschichte wurden aufgearbeitet, ohne daß eine nennenswerte Besserung der Symptome eingetreten ist.*

*Während der* Atemreise *erfährt sich Petra in den verschiedenen Phasen der phylogenetischen Evolution, die sie bis in die Identifikation mit einem Baum zurückführt. Sie realisiert sein Wurzeln und Wachsen, erleidet die krankmachenden Einflüsse der Umwelt und das langsame Absterben seiner Lebenskräfte.*

*Im Zuge dieser Erfahrung vollziehen sich tiefgreifende Veränderungen. Immer wieder kommen wir auf das Thema* Baum *zu sprechen, daß sie mehr und mehr auch auf größere ökologische Dimensionen beziehen kann. Sie fühlt sich „im Fluß", engagiert sich in einer Umweltpartei und gewinnt an persönlicher Ausstrahlung.*

## Die Sackgasse unmittelbarer Wunscherfüllung

Alles wirkt auf uns ein. Dabei kann es geschehen, daß alte, scheinbar längst vergessene Erfahrungen wiederbelebt werden. Auch wenn der Auslöser an sich positiv ist, können in Verbindung mit ihm unangenehme Erscheinungen, ja, oft sogar Schmerzen auftreten.

Wenn wir krank sind, kommt es, bevor sich die Heilung vollzieht, noch einmal zu einer Verschlechterung des Befindens. Die Symptome treten deutlicher hervor, werden oft sogar durch neue, dramatischere überlagert. In dieser Phase zu allopathischen Mitteln zu greifen, ist nicht immer unbedenklich. Die natürlichen Abwehrkräfte des Körpers können in ihrer Funktion eingeschränkt werden. Zwar geht es dem Patienten dann schneller besser, doch ist der Grundstein für neues Kranksein gelegt. Vertreter der Naturheilkunde versuchen daher, die Anwendung äußerer Mittel so lange wie möglich hinauszuzögern, um so dem Kranken die Chance zu geben, aus sich selbst heraus zu gesunden.

Bereits das entspannende Sichöffnen kann schmerzen. Ähnlich einem stramm gefüllten Ballon, dem die Luft abgelassen wird, entstehen in den zuvor verschlossenen Körperräumen andere energetische Verhältnisse. Eine Umstrukturierung der gesamten Person geht damit einher. Alte Verkrustungen lösen sich, und die Energien schaffen sich neue Bahnen, in die hinein sie fließen können.

Das Entfalten dieser Prozesse geschieht allmählich. Wir müssen uns langsam an die Veränderungen gewöhnen können. Immer sollte unsere augenblickliche Verfassung im Brennpunkt unserer Aufmerksamkeit stehen. – Wie fühle ich mich jetzt? Wo halte ich noch fest? Wie verschließe ich mich? Was geschieht mit meinem Atem, wenn ich loslasse, mich öffne?

Es ist gut, geduldig zu bleiben, wenn etwa eine Entspannung nicht gleich so klappen will, wie wir es uns vorgestellt haben. Machen wir uns bewußt, was uns hindert, ganz gelöst zu sein. So fällt es leichter, sich den Soll-Zustand auszumalen. Jedes gesunde Wachstum braucht seine Zeit und angemessene Bedingungen. Wir können darauf vertrauen, daß sich entfalten wird, was wir gesät haben, – wenn der Boden bereitet ist und die Bedingungen günstig sind.

Unsere Gedanken haben die Macht, über Raum und Zeit hinaus zu wirken und, gleichsam im Handumdrehen, Entsprechungen herbeizuführen. Glücklicherweise braucht es etwas länger, bis diese Wirkungen spürbar werden und sich in unserem Leben manifestieren können. Ein Wunsch, etwa nach einer neuen Beziehung oder einem anderen Beruf, ist schnell gedacht. Würden sich dementsprechend sofort die bisherigen Lebensumstände verändern, hätten wir viel damit zu tun, die Konsequenzen zu tragen.

*

Im letzten Teil des Buches finden Sie *Reisen,* die die Voraussetzungen dafür schaffen, daß sich Ihre Wünsche und Träume Ihren Möglichkeiten und Ihrer persönlichen Reife gemäß verwirklichen. Nicht alles, was gewollt wird, ist auch wünschenswert. Sie kommen Ihren grundlegenden Bedürfnissen auf die Spur, wenn Sie tiefer forschen.

Vielleicht schlagen Sie jetzt einmal die erste *Reise* „Ordnung schaffen" auf. Während Sie lesen, spüren Sie sich entspannt auf den Text ein. Lassen Sie es zu, daß die Bilder in Ihnen Gestalt gewinnen. (...)

Tritt das subjektive Erleben zurück, leert sich unser Bewußtsein, und wir kommen zur Ruhe. Die dann wahrnehmbaren Eindrücke sind mehr oder weniger überpersönlicher Natur. Sie betreffen uns alle, gründen auf der gleichen energetischen Ebene, wie etwa der Wille zum Leben, die Hoffnung auf Sinn, die Nächstenliebe oder der Glaube an eine höhere Macht. Diese spirituellen Werte bilden gleichsam den existentiellen Grund der Menschheit, den gemeinsamen Boden, auf dem wir alle stehen und unseren Weg gehen können.

In unserer Tiefe sind wir angeschlossen an die einende Kraft unseres gemeinsamen Ursprungs. Sobald wir unsere Aufmerksamkeit vertiefen, werden wir zunehmend fähiger, uns in diesem Raum ansprechen zu lassen. Es beginnt bereits, wenn wir die Augen schließen. Die Gehirnwellen schalten auf Innenschau um, der Atem wird ruhiger, die Hauptporen öffnen sich, und die Grenzen der Person werden weiter.

In den Reisen ist der formale Begriff zugunsten symbolisch-gleichnishafter Verbildlichungen verändert worden. Es werden Geschichten erzählt, denen Sie „zuhören" können, ohne sich bewußt um die darin enthaltenen Botschaften kümmern zu müssen. Die tieferen Schichten Ihrer selbst werden angerührt, während Sie sich entspannen. Vieles von dem, was in den ersten drei Teilen des Buches bereits abstrakter dargestellt wurde, kann Ihnen nun zur Erfahrung werden.

Die kurzzeilige Gliederung der *Reise*-Texte hilft, den Atem an der Verinnerlichung der Aussagen zu beteiligen. Was immer wir im Ausatmen in unsere Tiefe nehmen, unterläuft leichter die Barrieren, die uns das reflektiv-analytische Denken oft entgegenstellt.

## Partner wachsen miteinander

Es ist zu empfehlen (doch keineswegs Voraussetzung), daß Sie sich mit Freunden zusammentun und einander die Texte vorlesen. In den Kursen ermuntere ich dazu, die hier entstehenden Kontakte auch später in regelmäßigen Treffen weiterzuführen, zu gegenseitiger Stützung und Stärkung.

Viele Kursteilnehmer berichten von ausgesprochen guten Erfahrungen in solchen Kleingruppen. Man übt zusammen und tauscht sich miteinander aus. Auf der Basis von Vertrauen und gegenseitiger Annahme wächst die Bereitschaft zu wechselseitigem Geben und Nehmen. Im Schutzraum der Gruppe können alte Verhaltensweisen hinterfragt und korrigiert werden, und Bewährtes, Wesensgerechtes stabilisiert sich.

Eine gewisse Regelmäßigkeit hilft für das Alleineüben in der Zwischenzeit. Es läßt sich leichter durchhalten, wenn man weiß, daß es in absehbarer Zeit wieder möglich sein wird, den anderen, Gleichgesinnten seine Erfahrungen mitzuteilen.

Schaffen Sie sich eine angenehme Atmosphäre in Ihrer kleinen Gruppe. Sorgen Sie dafür, daß Sie nicht gestört werden. Es ist günstig, einen freien, warm ausgelegten Raum zu haben, damit es sich auf dem Boden alle bequem machen können. Entzünden Sie eine Kerze in der Mitte des Raumes.

Bevor der Vorleser beginnt, sollte genug Zeit und Gelegenheit sein, sich auf die Situation einzustellen und zu entspannen. Vielleicht schauen Sie dafür alle erst einmal auf das Licht der Kerze. Allein diese gemeinsame Ausrichtung wird bereits die allgemeine Aufmerksamkeit vertiefen. Bald kann man die Konzentration förmlich spüren. Der Raum selbst verändert sich.

Die Worte sollten langsam gesprochen werden, mit ruhiger, vielleicht ein wenig gedämpfter Stimme. Die rhythmisch vorgegebene Form hat sich in der Praxis bewährt. Kurze Pausen zwischen den einzelnen Zeilen bauen eine gewisse Bezugsspannung auf. Man wartet, ist ausgerichtet auf das, was kommen wird. Dadurch können die bereits aufgenommenen Worte tiefer sinken, und die kommenden finden freien Raum, um sich „niederzulassen“.

Zum Ende hin kann der Vorleser etwas lauter und eindringlicher sprechen. Dadurch kommen die Zuhörer ganz leicht und behutsam zurück in die Gegenwart. Die abschließenden Worte sind darauf ausgerichtet, langsam wieder „nach oben“, an die Oberfläche des Bewußtseins zu führen. Alle sollten sich jetzt gut recken und strecken.

Wenn Sie zu zweit arbeiten, können Sie einige zusätzliche Regeln beachten.

Setzen Sie sich zu Beginn einer *Reise* mit Ihrem Partner zusammen und sprechen Sie sich aus. Dann wird es leichter fallen, Neues aufzunehmen. Eine Kerze kann auch zwischen Ihnen beiden hilfreich sein, jenes zu „verbrennen“, was vielleicht noch hemmt und spannt.

Machen Sie es sich bequem. Der Zuhörende entscheidet selbst, ob er im Liegen oder im Sitzen in die Tiefe gehen möchte. Der Vorlesende braucht zunächst nicht mehr zu tun, als einfach den Atem seines Partners zu beobachten. Bald wird er sich auf dessen Atemrhythmus eingespürt haben und nun selbst in dieser Weise atmen. Nach einer Weile kann er dann beginnen, in eben diesem Rhythmus vorzulesen: Zeile um Zeile, immer dann, wenn der Lauschende gerade *aus*atmet. – Dadurch verinnerlichen beide ihre Aufmerksamkeit und werden sensibler für jene Energie, die zwischen uns Menschen webt und schwebt.

Üblicherweise halten wir uns so fern voneinander, daß diese Schwingungen nicht wahrnehmbar sind oder doch wenigstens in ihren Auswirkungen nicht bewußt zum Zuge kommen. Gleichen wir uns jedoch einander an oder schwingen wir in ein synchrones Energiemuster, lösen sich die stärksten Vorbehalte. Und wir können uns dem anderen öffnen, ohne dabei unsere Eigenständigkeit zu verlieren.

Wie im Zeitraffer wird eine solche Entwicklung deutlich, wenn einander oft noch völlig fremde Menschen zusammenkommen und sich selbst zum Thema machen. Es können drei oder hundert sein. Die Anzahl spielt keine Rolle. Zunächst scheint alles durcheinanderzugehen. Jeder bringt eine Menge Alltag mit, Gedanken, die besprochen, Probleme, die angegangen und bearbeitet werden wollen. Das allein erzeugt „Energiesalat", so daß auf Gleichklang kaum zu hoffen ist. Man ist besorgt um seine eigene unsichere Position und weicht zunächst noch einander aus.

Wenn jedoch in dieses „Fremdeln" hinein die ersten Worte fallen, beginnt ein Prozeß des Miteinandervertrautwerdens. Man nennt seinen Namen, seine Hoffnungen, Wünsche, Erwartungen. Es entsteht ein Kreis. Jeder ist Teil eines Zuammenhanges, der jetzt bewußt und deutlich wird. Gespräche kommen in Gang. Es bildet sich eine gemeinsame Mitte, um die sie kreisen. Blickkontakte gelingen. Es wird möglich, einander auch schweigend wahrzunehmen. Die Energie im Raum harmonisiert sich.

In solch einer zunehmend aufeinandereingespielten Gemeinschaft kommt es sehr häufig vor, daß Ereignisse und Erlebnisse bei verschiedenen Teilnehmern synchron ablaufen. Während einer gemeinsamen Meditation wird das in besonders fruchtbarer Weise offenbar. Zwar sind die einzelnen ganz bei sich und ihrem eigenen Prozeß. Doch übertragen sich Erfahrungen durch die verinnerlichte Aufmerksamkeit sehr schnell.

Diese Wirkung kann selbst von Außenstehenden wahrgenommen werden. Kommt ein Neuling hinzu, wird er in dieses Energiefeld einbezogen.

*

Früher galt als eine Grundregel in unseren Kursen, daß, wenn eine Gruppe sich einmal zusammengefunden hatte, sie nicht mehr durch Nachzügler gestört werden sollte. Für alle Teilnehmer war verbindlich, die gesamte Kurszeit einzuhalten. Nur in begründeten Ausnahmefällen durfte einer Sitzung ferngeblieben werden. Auch sollten im Interesse einer Vertiefung der gruppendynamischen Prozesse jegliche Außenkontakte unterbleiben.

Eine solche Form hat ihre unbestreitbaren Vorteile. Die Teilnehmer bleiben aufeinander bezogen. Der einzelne kann sich ganz auf seine persönlichen Anliegen ausrichten, nachdem er in den ersten Phasen des Kennenlernens Vertrauen zu den anderen gefaßt hat.

Aber im Laufe der Zeit stellten wir fest, daß durch das Hinzukommen weiterer Teilnehmer wichtige Erfahrungen ausgelöst werden können. Wenn die Neuen Möglichkeiten finden, sich in ihrer ureigenen Weise einzubringen, wird ihre Anwesenheit zu Steinchen in einem Mosaik. Entscheidend für die Öffnung der Kurse war jedoch, daß auch bei den Hinzugekommenen tiefgreifende Verwandlungen einsetzten – vorausgesetzt, sie werden von der Gruppe aufgenommen und sind ihrerseits bereit, sich der gewachsenen Energie dort zu öffnen.

Heute gilt die Geschlossenheit nur noch für unsere mehrtägigen Intensivkurse. Hier zählt die Struktur. Und der strengere Rahmen, auf den sich alle einlassen, gewährleistet den größtmöglichen Tiefgang. So kann die zur Verfügung stehende Zeit voll für die Selbst-Erfahrung genutzt werden.

In den anderen Kursen kommen immer mal wieder neue Teilnehmer hinzu, wenn es so abgesprochen ist. Manch einer von ihnen ist zunächst überrascht. Das Geschehen ist nicht sofort zu verstehen, zum einen, weil die Zusammenhänge fehlen, zum anderen aber auch, weil jede Gruppe mit der Zeit zu einer Art eigenständigem Wesen wird. Erst wenn das neue Mit-Glied integriert ist, kann es sich einlassen und mit den anderen denken, fühlen und handeln. So wie jede Zelle den Bauplan des Körpers in sich trägt, partizipiert dann der einzelne an den Erfahrungen der ganzen Gruppe.

Es ist eine der großartigen Wirkungen unserer Wachstumsgruppen, daß solche Erfahrungsübertragungen schnell und mehr oder weniger reibungslos vonstatten gehen.

Im Alltag vollzieht sich so etwas weitgehend unbewußt. Darunter leidet nicht nur die Kommunikation. Viele Beziehungen zwischen Menschen werden erschwert oder gehen dramatisch in die Brüche, weil dem Prozeß des Zueinanderfindens nicht genug Aufmerksamkeit gegeben wurde.

Man verläßt sich gern darauf, daß das Voneinandergezogensein und ein Bedürfnis nach Austausch, Freundschaft oder Partnerschaft schon genügen werden. Jeder bringt jedoch eine Menge Vorerfahrungen mit in die Gemeinschaft ein. Vieles von dem, was früher nicht bewältigt wurde, gibt nun leicht den Hintergrund für Mißverständnisse und Konflikte ab.

Die Erfahrungen, wie sich eine Gruppe findet, miteinander arbeitet und konstruktiv auseinandergeht, sind außerordentlich furchtbar für jeden, der sich nach Wachstum in seinen Beziehungen sehnt.

### Umgang mit Aggressionen

*Sylvia und Heinz sind seit sieben Jahren verheiratet; beide berufstätig; zwei Kinder. Seit seiniger Zeit kriselt es. Sie haben sich für den Kurs angemeldet, um miteinander an den unausgesprochenen Zweifeln zu arbeiten. Sylvia hat einen Freund. Kann die Beziehung weiterhin bestehen? Ist noch etwas zu retten?*

*„Heinz vernachlässigt mich. Seine Arbeit ist ihm wichtiger als ich", sagt Sylvia, und er schaut grimmig vor sich hin, ohne etwas darauf zu erwidern. Die Spannung überträgt sich auf die Gruppe. Beziehungsprobleme werden ausgepackt. Eine spürt ihren Zorn auf den nicht ganz sicher zu Hause wartenden Freund. Unwillkürlich ballen sich ihre Fäuste, und um den zurückgehaltenen Ausdruck freizusetzen, schlägt sie auf ein Kissen. Die anderen machen es ihr nach. – Solch ein gemeinsamer Ausbruch kann reinigend wie ein Gewitter wirken, wenn die damit einhergehenden Erfahrungen angeschaut und integriert werden.*

Im allgemeinen halten wir uns in den Kursen mit dem Ausdruck von Aggressionen eher zurück. Es ist ja mancherorts modern geworden, Wut und Zorn regelrecht zu provozieren. Man möge sich ausleben, nichts zurückhalten, einfach draufhauen. Die unterdrückenden Mechanismen sollen ausgeschaltet, starre Strukturen aufgerissen und die moralischen Panzerungen gesprengt werden.

Für sich genommen führt eine solche Haltung sehr leicht zu

Mißverständnissen. Dabei ist der Grundgedanke durchaus richtig: Durch den forcierten Ausdruck unterdrückter Gefühle lassen sich tiefgreifende Befreiungen von Altlasten im seelischen System bewirken. – Werden Aggressionen unterdrückt, richten sie sich bald gegen die eigene Person. Nicht nur körperliche oder seelische Krankheiten sind die Folge. Der Betroffene gerät unter einen zunehmenden Druck, der ihm im schlimmsten Fall die Lust am Leben vergällen kann. Hinter Selbstmord steht immer auch der unterdrückte Wunsch, einen anderen zu „töten".

Aber hier erkennen wir bereits, daß viele dieser im Untergrund schwärenden Gefühle mit einigem Recht nicht ohne weiteres zugelassen werden dürfen. Wohin kämen wir, wenn jeder seine Peiniger beseitigen könnte, wie es ihm gefällt. Auch einmal kräftig mit der Faust auf den Tisch zu hauen, sollte man sich im allgemeinen lieber versagen. Es könnte vieles zu Bruch gehen, was nicht mehr reparabel ist.

Werden Menschen nun unbedacht aufgefordert, ihre unterdrückten Gefühle herauszulassen, kann sich solch ein zu oft wiederholter Ausdruck sehr leicht verselbständigen. Für den Augenblick mag es ja erleichtern, wenn das Porzellan an die Wand fliegt, lautstark die Stimme eingesetzt oder auf andere Weise „Dampf" abgelassen wird. Doch statt das dem zugrunde liegende Gefühl zu *spüren*, wird es von sich weggestoßen, -geschlagen, -gestrampelt.

Und weil das durchaus wirksam sein kann, probiert man es immer wieder. Macht es die Umwelt mit, kann manch einer angenehm damit leben. Und im Rahmen seiner beschränkten Auffassung mag er sich wohl auch selbstbefreit, spontan und mutig fühlen. Doch geht das letztlich nicht nur auf Kosten der Mitmenschen, sondern auch seiner eigenen spirituellen Entwicklung.

Alles in uns kann unserem Leben nutzbar werden, wenn es gelingt, die darin eingebundenen Energien wahr-zu-nehmen. Es gilt, die Aggressionen auszuhalten und auszutragen, nicht aber sie im sinnlosen Ausdruck verpuffen zu lassen. Sicher gibt es Situationen, wo etwas derart verknotet ist, daß zunächst einmal Ventile gefunden werden sollten, um den Überdruck abzulassen. Doch muß das nicht blind geschehen. Jede Entladung können wir auch für unser persönliches Wachstum nutzen, wenn es uns gelingt, mit unserer Aufmerksamkeit dabeizubleiben.

Wird etwa auf ein Kissen geschlagen, so sollte sich das Bewußtsein an das zugrundeliegende Gefühl binden können. Das Kissen an sich ist unschuldig. Für wen hält es her? Was soll mit dem Ausdruck ausgedrückt, was mit ihm bewirkt werden? Welche Gedanken, Bilder, Gefühle tauchen dabei auf? Verändert sich etwas? Gibt es tieferliegende Erinnerungen? Was geschieht, wenn noch stärker hineingegangen wird? ... Und schließlich: Wann ist es genug, die Gestalt abgerundet, der Ausdruck vollendet?

Solche Fragen, zur rechten Zeit gestellt, helfen, sich selbst auf die Spur zu kommen. Allein wird es kaum möglich sein, den inneren Prozessen zu folgen. Es muß ein Rahmen geschaffen werden, der den wachsenden Ausdruck von Gefühlen strukturiert. Fehlt eine angemessene Begleitung, ist die Gefahr groß, im Ausdruck zu versumpfen, ohne die sich offenbarenden Kräfte integriert zu haben. – Erst wenn einige Erfahrungen im konstruktiven Umgang mit reinigenden Entladungen gewonnen wurden, läßt sich auch eigenständig damit weiterarbeiten.

*In der Gruppe von Sylvia und Heinz ist durch den gemeinsamen Spannungsausdruck eine Menge in Bewegung gekommen. Die Bereitschaft ist gewachsen, sich direkter aufeinander einzulassen. Für eine Partnerübung finden alle zu zweit zueinander. Sylvia und Heinz sitzen sich gegenüber. Es geht um einen einfachen Blickkontakt: Nicht ausweichen, die Augen offenhalten und hinschauen.*

*Nach einer Weile öffnen sich bei Sylvia die Schleusen. Sie weint, sieht aber unverwandt weiter in Heinz', jetzt weiche, warme Augen.*

*Die Energie springt über. Auch in den anderen Zweiergruppen beginnt sich etwas zu regen. Gesprochen wird nicht. Jeder soll unbewegt im Blickkontakt mit seinem Partner bleiben. So können die Gefühle ungehindert aufsteigen. Der gerichtete Blick gibt den Ausdruck über die Augen frei.*

Wir alle haben in unserem Leben vieles mitansehen müssen, dem gegenüber wir lieber die Augen verschlossen hätten. Dabei sind all die kleinen, um unsere Sehhöhlen liegenden Muskelgruppen in eine zunehmende Dauerspannung gekommen. Bei diesem Schauen können Sie sich lösen. Tränen sind dafür ein möglicher Ausdruck.

Nun gibt es für alle eine gemeinsame Erfahrungsbasis. Auf sie läßt sich aufbauen.

### Die Welt um uns her strahlt uns aus

Ähnlich dem magnetischen Feld scheint auch zwischen Menschen eine Art Energiefeld zu bestehen, das sich ausdehnen kann, wenn die an ihm beteiligten Kräfte zusammenwirken. Dementsprechend verändert sich, wer sich im Einflußbereich dieses Feldes aufhält. Vorausgesetzt, er öffnet sich den auf ihn einwirkenden Energien.

Wir können uns dieses Energiefeld als eine Art Matrix vorstellen, in die unauslöschlich eingeprägt wurde, was immer wir selbst und jeder andere vor uns gedacht, gespürt, erfahren hat. Es sind Kodifizierungen all jener Erfahrungen, die die Menschheit in der langen Geschichte ihrer Evolution miteinander geteilt hat.

Jeder trägt sie in sich. Als Urbild sind sie reine Energie. In ihren symbolischen Ausformungen prägen sie unser Leben, offenbaren sich in Träumen und Meditationen. Durch sie können wir uns an das im Laufe der Evolution angewachsene, allgemeine Erfahrungsgut anschließen. Je tiefer wir gehen, desto weiter scheint dieses kollektive Wissen zurückzureichen, mitunter noch über Erfahrungen der Rasse und Art hinaus.

In besonders intensiven therapeutischen Sitzungen gibt es immer wieder Erfahrungen, die diesem unauslotbaren Reservoir entspringen. In letzter Konsequenz lassen sie darauf schließen, daß jeder in seinem Urgrund Anteil an der gesamten Schöpfung hat. Die persönliche Energie wäre dann die Spiegelung jener großen universalen Kraft, die den Kosmos formt und trägt.

Vereinigen sich im Prozeß des Miteinandervertrautwerdens

diese persönlichen Energien der Beteiligten, werden den bereits bestehenden Mustern neue Anteile hinzugefügt. Wie Netze spannen sich diese energetischen Muster über Raum und Zeit hinweg aus. Die jetzt in Beziehung Stehenden haben die Chance, aus dem unergründlichen Reservoir an Möglichkeiten all jene Aspekte der Zwischenmenschlichkeit herauszuziehen, die ihren individuellen Bedürfnissen und Gegebenheiten am ehesten entsprechen. Sind sie bereit, die sie verbindende Energie zum Beispiel als *Liebe* zu erkennen, finden sie in ihrem persönlichen Ausdruck das kollektive Pendant dazu. Eine besondere Aufgabe besteht darin, die zwischen ihnen webenden und schwebenden Energien derart zu klären, daß sie auf ihre persönliche Situation passen.

Immer sind sie angeschlossen an das alles überspannende überraumzeitliche Netzwerk. Und ob sie es wissen oder nicht, tragen sie in jedem Augenblick zur weiteren Vervollkommnung des Urbildes von *Liebe* bei. Obwohl diese von uns beeinflußten Netzmuster unzähligen anderen ähneln, die sich in den Kontakten und Begegnungen überall auf der Welt gebildet haben und in jedem Augenblick neu geknüpft werden, ist jedes für sich doch einzigartig, und auch mehr als nur die Summe seiner Teile.

Wer oder was immer nun neu in diese Beziehungsnetze eintritt, partizipiert an jenen Energien, die an ihrer Entstehung mitgewirkt haben. Diese Teilhabe bezieht sich nicht allein auf Menschen, sondern auch auf Tiere und Pflanzen. Ja sogar die unbelebte Welt wird mit in diesen Wirkkreis einbezogen. Womit immer die Energien in Berührung kommen, sie werden aufgenommen und „ausgestrahlt“.

Betreten wir etwa einen Raum, der solchermaßen von Erfahrungen erfüllt ist, spüren wir die „Atmosphäre“, sprechen vom „Geist“ seiner Bewohner und unterliegen einem merkwürdigen Zauber, der von den Dingen auszugehen scheint.

*Hartmut hat sich in seiner Wohnung eine Ecke frei gemacht, wo er meditiert und seine Übungen praktiziert. Manchmal teilt er diesen Platz mit anderen, die wie er auf dem Weg sind. Noch Tage später spürt er ihre Anwesenheit und kann sich bei seinem Üben von den gemeinsamen Erfahrungen tragen lassen.*

*In der Gruppenarbeit geht immer wieder ein Stein herum. Teilnehmer werden aufgefordert, sich auf ihn einzuspüren, während sie sich mitteilen, irritiert, angerührt oder beteiligt sind oder einfach nur ihr persönliches Gewahrsein vertiefen möchten. Nach und nach scheint er eine eigene Kraft zu bekommen. Nicht selten genügt es bereits, ihn in die Hand zu nehmen, um sich besser zu fühlen oder wieder neu für die anderen dazusein.*

*Während einer* Atemreise *hat Ulla den Eindruck, mit einem von ihrer Großmutter geerbten, uralten goldenen Reif an ihrem Handgelenk zu verschmelzen. Sie läßt es zu und dringt immer tiefer in seine Geschichte ein, fühlt einen Kontakt mit Menschen, die ihn vor ihr getragen hatten. Plötzlich öffnet sich ihr ein Zugang zu den Energiemustern im Metall selbst und von dort aus zu allem, was sie rings umgibt.*

Was sind das für geheimnisvolle Kräfte, die in die Welt eingewoben scheinen und die uns einen gleichsam übersinnlichen Kontakt mit ihr ermöglichen? Wir spüren die Aufmerksamkeit und Hinwendung all jener Menschen, die vor uns mit den „Dingen" in Berührung waren ebenso wie die Schwingungen der verflossenen Zeit. Durch *unsere* Hinwendung schließen wir uns an diese Energien an und erwecken die entsprechenden Kräfte in uns selbst.

Wir haben bereits gehört, daß auch ein Wort in dieser Weise „aufgeladen" werden kann. Steht es schriftlich vor uns, können wir es gedanklich in uns hineinnehmen oder ihm bildlich in uns Gestalt geben. Das in ihm enthaltene Bewußtsein des Schreibers überträgt sich auf uns. Wir partizipieren an seiner Energie, können uns in ihn einfühlen und mitunter auch wichtige Einsichten über ihn gewinnen.

Wenn es nun aber möglich ist, auf diesen Wegen mit anderen zu kontaktieren, stellt sich die Frage, inwieweit nicht auch unbeabsichtigte Einflüsse wirken können. Möglicherweise sind auch unliebsame Zustände übertragbar? Hängt etwa unser Wohlbefinden von den „Ausstrahlungen" anderer ab? Können Gedanken töten?

Manch einer meint, er sei anderen eine Last. Seine Sorgen und

Nöte würden sich auf seine Mitmenschen übertragen, seien im Grunde unzumutbar. Und alles in allem habe man so etwas besser nicht zu haben. So wird verdrängt, was, um sich wandeln zu können, doch eigentlich leben müßte.

Es ist kein weiter Schritt mehr, nun auch mit seiner tieferen Innenwelt nicht besser umzugehen. Man verschweigt, was man fühlt, und ist oft sogar gehemmt, sich selbst seine Gefühle anderen gegenüber einzugestehen. Vor allem dann nicht, wenn sie den Stempel des „Negativen“ tragen.

Viele machen um ihre dunklen Seiten einen großen Bogen. Zwar fühlen auch sie sich manchmal schlecht, spüren Widerwillen und Antipathien und lecken sich insgeheim uralte Wunden. Doch wollen sie von der Mördergrube in ihrem Herzen nichts wissen. Zu groß ist der Anspruch, „licht“ zu sein, und zu diffus die Angst, durch das Eingeständnis ihrer dunklen Seiten die Verwirklichung des Guten zu verhindern. – Dabei ist jeder Schatten im Grunde nur das verstellte Licht. Würden wir seiner teilhaftig werden, könnte er sich auflösen, und alles wäre „erleuchtet“.

## Die Tragik verhinderter Liebe

Nehmen wir doch die Angst vor uns selbst beiseite und reden ihr gut zu. Sie möge unsere geschundenen Gefühle freigeben, damit sie sich so zeigen können, wie sie sind: harmlos und kooperationsbereit. Sie werden nur dem gefährlich, der versucht, sie in Schach zu halten.

Wie auch könnte etwa eingestandene Traurigkeit, Wut oder selbst der herausgeplatzte Ärger auf Mutter oder Vater, Bruder oder Schwester, Mann oder Frau irgend jemandem etwas antun? Warten sie doch nur darauf, angeschaut und erkannt zu werden. Es gibt unter unseren Gefühlen keine notorischen Bösewichter. – Nicht *daß* wir sie ausdrücken sollten, steht somit zur Debatte, sondern *wie* wir es tun.

Vorrangig geht es uns in den Kursen um das Durchlässigwerden zum höheren Selbst hin. Starkes Erleben und den Ausdruck geballter Energie fördern wir dort, wo falsche Zurückhaltung den Anschluß nach oben versperrt. Die horizontale, zwischenmenschliche Basis muß stimmen, wenn die vertikale standhaft sein soll.

Für solche Extremsituationen gibt es einige Regeln, die jeder zu beherzigen hat. Die wichtigste ist, demjenigen, der spricht, zuzuhören und ihn ausreden zu lassen. Bevor etwas erwidert wird, soll sich der Angesprochene vergewissern, daß er alles richtig verstanden hat. Er wiederholt, was vom anderen bei ihm angekommen ist. Erst dann nimmt er Stellung und versucht dabei auszudrücken, wie er sich fühlt. Bald können beide darauf verzichten, sich immer wieder neu zu verletzen. Der Teufelskreis ist durchbrochen.

Nur wenn die Beziehung grundsätzlich stabil ist und beide ihre ausdrückliche Bereitschaft bekundet haben, können sie in ihrer gemeinsamen Arbeit noch einen Schritt weitergehen. Es wird vereinbart, daß nun auch rauhere Töne zutage treten dürfen.

Was wollte man dem anderen nicht schon immer gerne sagen, und hielt es nur unter Schwierigkeiten zurück –, oft genug mit der Konsequenz, es auf andere, undurchschaubarere Weise an ihm auszulassen. Jetzt bricht es hervor. Matratzen liegen zwischen beiden. Einer spricht, schreit, tobt; der andere hört zu, schaut genau hin, achtet auf seine eigenen inneren Prozesse ... Jetzt ist er dran. Es darf noch ein wenig intensiver werden. Und er beginnt, seinen Partner grob zu beschimpfen. – Die Spannung hat ihren Höhepunkt erreicht, wenn beide sich zu vergessen scheinen. Sie hocken einander wie die Streithähne gegenüber, starren sich an und lassen den letzten Rest an Zurückhaltung fallen. Nur die mißhandelte Matratze zwischen ihnen verhindert die körperliche Auseinandersetzung. Die „dunkelsten“ Gefühle treten an die Oberfläche. Jetzt kommt alles darauf an, dabeizubleiben, bis zum runden Abschluß weiterzumachen. Wie die geometrische Parabel erst an ihrem tiefsten Punkt den Umschlag in ihr Gegenteil findet, braucht auch das Gefühl seinen eindeutigen Ausdruck, bevor es nach oben hin wachsen kann.

Die Situation ist ganz und gar nicht ungewöhnlich. Wohl kaum einer hat ähnliches nicht bereits in seinem Beziehungsalltag durchgemacht. Nur daß in den üblichen Auseinandersetzungen die Gefühle viel mehr kontrolliert und letztlich auch banalisiert werden. Dabei haben sich Verhaltensweisen entwikkelt, die es möglich machen, den anderen von sich fernzuhalten.

Das ist an sich auch verständlich: Was wir nicht kennen, müssen wir fürchten. In einer solchen Arbeit jedoch wird es den Beteiligten bald deutlich, daß sie keine Angst vor ihren Gefühlen zu haben brauchen. – Wenn konsequent hindurchgegangen wird, hat sich irgendwann die zurückgehaltene Spannung entladen. Was sich dann zeigt, ist keineswegs Erschöpfung, sondern ein Zuwachs an Energie und Lebenskraft.

*Sylvia und Heinz nutzen die Gelegenheit, um ihren Gefühlen freien Lauf zu lassen. Zulange war angestaut und blockiert gewesen, was jetzt mit Vehemenz hervorbricht. Beide erkennen, daß sie im Grunde zueinander gehören. Vieles hatte sich in letzter Zeit gerieben, weil keiner bereit war, seinen Schutz-Panzer abzulegen und dem anderen ohne Vorwürfe und Schuldzuweisungen gegenüberzutreten.*

*Auch für die anderen Teilnehmer ist es wichtig, nun die Erfahrungen zu integrieren. Denn solch ein Ausbruch soll nicht die Regel werden. Das Geschehen hat exemplarischen Charakter. Es ist zu kostbar, als daß es immer wieder angereizt werden dürfte.*

*

Manch einer meint, es gehöre sich nicht, seiner Tiernatur innezuwerden. Er glaubt, sich „menschlich“ verhalten zu müssen, und verhindert dadurch nur seine persönliche Integrität. Denn *die andere Seite* wird ausgespart und führt in den Tiefen seiner selbst ihr Eigenleben.

Worte können treffen, verletzen, töten –, wenn der Verstand allein sie für seine beschränkten Interessen mißbrauchen will. Ein Gefühl, wenn es ausgedrückt wird, macht lebendig, bringt in Bewegung. Sicher ist es bequemer, um „den heißen Brei“ herumzureden. Doch wir täuschen damit ja nicht nur unsere Mitmenschen.

Vielleicht schmerzt die eine oder andere Wahrheit, wenn wir ihr von Herzen Gestalt geben. Möglicherweise müssen wir dann auch einmal Konsequenzen ziehen und Veränderungen zulassen. Ein Neubeginn tut weh, wenn Gewohntes zurückbleibt. Doch wird das echte Gefühl niemals zerstören, ohne daß aus den Trümmern etwas Neues, Besseres entstehen kann.

Gefahr für Leib und Leben besteht nur, wo die Innenwelt verleugnet wird und die Energie sich für ihren Ausdruck andere, kränkende Wege suchen muß.

*Hinter Ulrike liegt eine beschwerliche Ehe. Nach der Scheidung hatte sie aufgeatmet, wollte mit ihren Söhnen weit weggehen und ein neues Leben beginnen. Doch ihr geschiedener Mann wußte alle Hebel in Bewegung zu setzen, die Kinder, auch gegen deren Willen, für sich zu gewinnen.*

*Er fühlte sich als Sieger und versuchte Ulrike weiter an sich zu binden. Im Grunde hatte sie selbst nicht loslassen können, wenngleich es keine direkten Kontakte mehr zwischen ihnen gab. Depressive Schübe warfen sie immer wieder um. Und ein altes, längst verheilt geglaubtes Magenleiden brach neu auf und verschlimmerte sich zusehends.*

*Sie war von jeher ein geselliger Mensch gewesen und versuchte nun vermehrt, durch alle möglichen Geschäftigkeiten vor den Stimmungsschwankungen davonzulaufen. Doch die Schmerzen behinderten sie bald derart in ihren Aktivitäten, daß sie jetzt häufiger zu Hause bleiben mußte. Mit anderen sprach sie über* diese *Beschwerden. So hatte sie wenigstens zeitweise die Möglichkeit, einen Teil ihres Kummers, wenn auch verschlüsselt, auszudrücken.*

*Zahlreiche Arztbesuche blieben erfolglos. Es war nichts festzustellen. Immer wieder wies man sie darauf hin, daß sie etwas für ihre psychische Situation tun müsse. Niemandem gegenüber sprach sie von ihrem geschiedenen Mann. Zwar durften die Söhne sie noch besuchen. Doch die Kontakte nahmen ab. Beeinflußt durch den Vater, der wieder geheiratet hatte und seine Gewalt jetzt noch stärker ausspielen konnte, machten die Kinder deutlich, daß sie mit der kranken Mutter nichts Rechtes mehr anzufangen wüßten.*

*Als sich Ulrike endlich in psychotherapeutische Behandlung begibt, hat sie zwei Suizidversuche hinter sich. – In ihren Träumen wiederholt sich immer wieder das gleiche Motiv. Sie will einen Berg hinauf, kommt jedoch nicht weit. Der Boden unter ihren Füßen gibt nach, Unmengen an Gesteinsbrocken lösen sich. Je verzweifelter sie*

*versucht, dagegen anzukämpfen, desto mehr Geröll kommt ihr entgegen.*

*In tiefer Entspannung entwirft sie neue Weisen und Wege, nach oben zu gelangen. Sie schult dabei ihre Aufmerksamkeit für den Weg, achtet auch auf Nebensächliches. Bevor sie sich noch einmal an den Aufstieg macht, soll sie am Fuße des Berges Ausschau halten nach* Schwert *und* Kelch.

*Sie findet beides, nimmt es mit und fühlt sich vorbereitet und gestärkt. Auf halbem Weg rastet sie vor dem Eingang einer Höhle. Ein riesiges Untier kommt feuerspeiend hervor. Mit voller Kraft gebraucht sie das Schwert. Als die abscheuliche Kreatur in ihrem Blut vor ihr liegt, wird sie Zeuge einer merkwürdigen Verwandlung. Das Bestialische tritt mehr und mehr zurück, bis sie schließlich ihr eigenes Ich darin erkennt. Weinend fällt sie nieder, spricht all das aus, was sie sich selbst und ihren Mitmenschen in all den Jahren verschwiegen hatte.*

*Als der letzte Rest dieses Kummers und dieser Not herausgebracht ist, wird sie von neuem des Kelches gewahr, der ihre Tränen aufgefangen hat. Sie reicht ihn ihrem sterbenden Ebenbild, das nun wie durch ein Wunder genest. Im Verlauf der Pflege entfalten beide ihre wahre Gestalt, bis sie den Aufstieg gemeinsam fortsetzen können. Jetzt ist der Weg gut und fest. Mit leichten Schritten erreichen sie den Gipfel.*

*Oben angekommen, sind beide eins. Und diese neue Ulrike, frei in die Tiefen und Täler unter ihr schauend,* erkennt *nun, wie sich ihre Welt in der Zwischenzeit verändert hat.*

*Ihren geschiedenen Mann sieht sie in seinen Bedingtheiten. Die Kinder führen ein eigenständiges Leben. Sie kann es akzeptieren. Jetzt ist auch sie bereit für einen neuen Anfang.*

## Die Kunst des Kontaktschaffens

Was immer wir in den Blick nehmen, erinnern oder ahnend umfassen, kommt uns entgegen. Die Welt läßt sich erfahren – nicht nur über das Medium der Sinne, sondern von Herzen, als Teil unserer selbst. In dem Maße unseres Öffnens erfüllt sie uns mit dem Geheimnis unserer lebendigen Gegenwart. – Schauen wir nach außen, wie wir nach innen spüren, so wird aus dem Außen ein Innen und aus dem Innen ein Außen. Und so auch, auf diesem Weg, wird jeder jedem anderen ein Mit-Mensch. Richten wir uns auf ein Du aus, erfassen wir so viel von seiner Wirklichkeit, wie wir bereit sind, ihr in uns selbst Raum zu geben.

Nehmen Sie das ganz praktisch. Wenn Sie sich beispielsweise den *Reisen* widmen, stellen Sie sich vor, wie andere vor Ihnen bereits damit in ihre Tiefe gekommen sind. Sie gewinnen so Kontakt zu jener universalen Kraft, die uns alle miteinander verbindet. Was der eine hier bereits erfahren hat, hilft dem anderen, für sich einen neuen Schritt zu tun.

Auch wenn wir uns persönlich nicht kennen, stehen wir doch miteinander in Verbindung. Zwischen Ihnen und mir sind es jetzt diese Zeilen, die gewissermaßen einen „heißen Draht" schaffen, über den ein energetischer Austausch stattfinden kann. Das mag nicht gleich verständlich oder erklärbar sein, doch funktioniert es, selbst wenn wir jetzt noch nicht wissen, wie. Bereits der Wunsch oder die Vorstellung, daß es möglich ist, genügt.

Der Volksmund sagt, man möge zwischen den Zeilen lesen. Es geht dabei weniger um psychologische Fertigkeiten als mehr um eine Veränderung des eigenen Bewußtseins. Nur von innen her wird es möglich, jene energetische Dimension zu erahnen, die es uns möglich macht, über uns selbst hinaus und zueinander zu wachsen.

Wenn Sie entspannt und offen für neue Erfahrungen mit den *Reisen* umgehen, werden Ihre persönlichen Begrenzungen durchlässig. Wir können über unsere rational-materialistische Weltsicht hinausgelangen und Anschluß an eine neue ganzheitliche Wirklichkeit gewinnen.

Sollten Sie etwas nicht sogleich verstehen, nehmen Sie einfach die Bewußtseinshaltung eines *Fischers* ein. Unser Unbewußtes ist wie ein Meer, mit einer unbegrenzten Fülle tiefenseelischer Gestalten. Manche sind uns bereits bekannt. Wir können sie benennen. Sie sind uns gut. Wir brauchen sie nur zu rufen, bei ihrem Namen, so tauchen sie auf und lassen sich mit bloßen Händen greifen.

Um auch die tieferen Gründe kennenzulernen, benötigen wir einen „schwimmenden Untersatz", der uns aufs Meer bringt. Ein *Floß* oder *Boot* steht gewissermaßen für unsere Entscheidung, zu beginnen. Sind wir unterwegs, gibt es verschiedene Möglichkeiten, die Tiefe zu erforschen. Wir können angeln oder Netze auswerfen. Vielleicht auch gehen wir erst einmal auf Nummer Sicher und schauen zu, wie andere es machen. Zudem können wir uns helfen lassen. Gemeinsam geht alles besser. Irgendwann sind wir dann fähig, selbst hinabzutauchen.

Was uns am Verstehen hindert, bis ins Mark hinein kränkt, verunsichert, aufreibt, läßt sich analytisch nicht erfassen. Es liegt so tief, in uns selbst, daß es sich jedem rationalen Zugriff entzieht. Zwangsläufig. Denn bevor wir einen unbewußten Lebensinhalt benennen können, sollten wir ihm begegnet sein, ihn nach seinem Namen gefragt und Bereitschaft gezeigt haben, uns auf weiteres einzulassen. – Wir müssen mit den dunklen Gestalten Freundschaft schließen.

Erst dann werden sie sich uns zeigen und in unser bewußtes Leben integrieren lassen.

*

Das behutsame Sicheinspüren auf den Atem eines anderen Menschen bietet wunderbare Möglichkeiten, Erfahrungen miteinander zu teilen. Sprechen wir die *Reisen* in seinen Atemrhythmus hinein, öffnen sich die Tore zur Tiefe, und der andere fühlt sich auch auf den verschlungenen Pfaden seiner Seele von uns begleitet.

Manchmal gibt es Situationen, wo wir nicht so recht weiter wissen, oder es nichts mehr zu sagen gibt. In einer schweren Stunde, im Angesicht des Unveränderlichen, bei einem Krankenbesuch oder der Begleitung eines Sterbenden geht es um unsere Anwesenheit. Wir wollen uns dann dem anderen zuwenden, aus einer Sympathie oder der Liebe heraus einfach nur bei ihm sein. Mit dem Atem wird das Schweigen zu einem Austausch, der an Intensität jedes Gespräch übertreffen und oft die einzige echte Hilfe sein kann.

Der andere mag die Augen geschlossen haben, vielleicht sogar schlafen und von unserer atmenden Unterstützung bewußt nichts bemerken. Seine Tiefe jedoch reagiert. Er wird ruhiger und läßt sich mehr auf dieses schöpferische Kommen und Gehen ein, das ihn mit sich selbst, der Welt und dem Universum verbindet.

Der Atem korrespondiert unmittelbar mit Ihrem Bewußtseinsstrom, der ununterbrochen in uns allen fließt. Lassen Sie es geschehen, transzendieren Sie die normale Sicht der Welt und werden bereit für neue Erfahrung.

Auch im Alleinsein brauchen Sie nur dieser ewig sich erneuernden Bewegung innezuwerden, um über so manche, im alltäglichen Bewußtsein unbeweglichen Beschwernisse und Beschränkungen hinauszugelangen. Solange Sie Ihre Aufmerksamkeit darauf ausrichten, verbinden Sie sich mit allen lebenden Wesen, die in diesem Augenblick mit Ihnen atmen.

## Unsere Heilkraft entdecken und weitergeben

In diesem Zusammenhang noch ein Wort zu einem Phänomen, das in unserer Zeit wieder vermehrt von sich reden macht – den sogenannten Spontanheilungen.

Scheinbar ohne nähere Gründe verschwinden Krankheiten, die, manchmal über Jahre hinweg, den besten Bemühungen trotzten.

*Eben noch hatte der Arzt einer Mutter von zwei Kindern gesagt, sie solle ihre letzten Angelegenheiten regeln. Ihr Leiden wäre derart fortgeschritten, daß jeden Tag mit dem Schlimmsten zu rechnen sei. Sie verabschiedet sich von ihren Kindern und regelt das Nötige. Auf den Rat von Freunden unterzieht sie sich noch einmal einer Serie von Heilbehandlungen, bei denen lediglich die Hände aufgelegt werden. „Weil es ja nichts schaden kann“, sagt sie und gibt zu verstehen, daß sie bereits mit ihrem Leben abgeschlossen hat. Nur wenige Tage später wieder bei ihrem Arzt, ist nicht einmal mehr die Spur einer Erkrankung aufzufinden.*

*Ein erkrankter Richter nimmt seinen Abschied. Aus medizinischer Sicht ist an Heilung nicht mehr zu denken. Er möchte noch einmal all das tun, was er sich früher nie zugestanden hatte. Seine Frau nutzt schon seit Jahren die Angebote in Selbsterfahrung und Meditation. Jetzt kommt ihr Mann mit, auf einen vierzehntägigen Kurs im Süden. Beide sind glücklich, haben das Gefühl, sich hier zum ersten Mal wirklich begegnet zu sein. Es gibt nichts mehr zu tun. Seitdem fühlt er sich besser denn je.*

*Der achtjährige Michael liegt im Koma. Seine Eltern sitzen am Krankenbett und beten um Heilung. Tag und Nacht, immer ist einer von beiden da und richtet sich liebevoll auf den Jungen aus. Ihre Hoffnung wird von wachsender Zuversicht getragen, als erste Anzeichen der Besserung in Erscheinung treten.*

Solche Beispiele für „Wunderheilungen" gibt es viele. Und es ist in der Tat wunderbar, daß diese Menschen leben, oft sogar völlig wiederhergestellt sind. Obwohl sie doch aufgegeben waren, ja, für sich selbst den Kampf aufgegeben hatten.

Eine mögliche Erklärung hierfür finden wir im Zusammenhang mit den Energiefeldern. Jeder ist angeschlossen an eine universale Kraft. Bei Krankheit ist ihr Einfluß blockiert; wir sind zu schwach, sie wahrzunehmen und in uns wirken zu lassen. Geben wir uns unserem vermeintlichen Schicksal anheim und akzeptieren wir, was uns aufgegeben ist, öffnen sich die verschlossenen Pforten. Die einströmenden Energien können sich ausbreiten und dort ihre heilende Wirkung entfalten, wo die auch in jeder Krankheit liegende Aufgabe erfüllt ist.

Entscheidend ist dabei jene innere Haltung des Geschehenlassens, die wir bereits als grundsätzliche Vorbedingung für unser Meditieren erfahren haben. Fürbitten, Achtsamkeit, menschlicher Zuspruch verstärken diesen Prozeß. Der Begleiter ist dabei lediglich Übermittler der Kraft, für die er sich leichter öffnen kann als der Kranke. Er wird zum „Kanal" und gibt die empfangenen Energien weiter.

Der Kranke kann dadurch geheilt werden oder Erleichterung finden für den Schritt über die Todesschwelle, wenn das seine Bestimmung ist.

Die heilende Kraft von oben zu empfangen, erneuert immer auch den Menschen, der sie weitergibt. Wer sich ihr öffnen

möchte, um sie für sich und andere fruchtbar werden zu lassen, sollte auch hier zuerst in sich selbst Ordnung schaffen, damit sie nicht durch persönliche Schwierigkeiten und Blockaden verzerrt wird.

Je tiefer wir uns einwurzeln, desto höher wachsen wir empor. Und desto weiter spannen wir uns aus und stellen uns ein auf „Empfang".

*

In speziell dieser Thematik zugewandten Kursen wird besonders in Erfahrung gebracht, daß die Heilkraft sich potenzieren kann, wenn mehrere Menschen an ihrer Übertragung beteiligt sind. Allerdings bedarf es einer aktiven Mitarbeit auch der Kranken.

Nur selten kommt es zu solch spontanen Heilungen, wie eben in den Beispielen. Je tiefer die Verschlossenheiten liegen, desto intensiver muß bei dem Kranken die Läuterung seiner eigenen Tiefe ansetzen. Nicht immer ist es so einfach, dem verborgenen „Krankheitsgewinn" auf die Spur zu kommen, wie bei jenen meist schon älteren Menschen, die daheim alleine sind und in den überfüllten Wartezimmern die einzige Gelegenheit haben, einmal andere Gesichter zu sehen. Häufige Arztbesuche oder das Klagen über schmerzhafte Beschwerden sagen wenig über die *Bereitschaft* des Patienten aus, wieder gesund zu werden.

Vieles ist unbewußt und muß im Laufe eines langwierigen psychotherapeutischen Prozesses ans Tageslicht gehoben werden. Wird diese Arbeit durch eine liebevolle Hinwendung anderer begleitet, sind die Aussichten auf Gesundung um ein Vielfaches erhöht.

Abschließend noch ein ganz anderes Beispiel.

*Während wir im Kurs zusammensitzen und jemand spricht, richten alle ihre volle Aufmerksamkeit auf ihn und versuchen, ganz dabeizusein. Die Konzentration und Anteilnahme wächst. Der Redende fühlt sich in bisher nicht gekannter Weise in seinem Mitteilungsvermögen gesteigert. Vor allem erfahren aber auch alle Beteiligten als Frucht dieses Prozesses eine strukturierende Wirkung in sich selbst, die sie im Hinblick auf eigene künftige Anforderungen zu kreativem Einsatz ermutigt.*

# III.

## Sterben – um zu leben

Schaut hinein in euer Herz,
und ihr werdet erfahren,
daß in euch etwas lebt,
das jenseits von Geburt und Tod
besteht und weder im Wasser
ertrinken, noch im Feuer
verbrennen kann.

*Kenshin*

### Wie steht es mit „der anderen Dimension"?

Hatten wir es anfangs noch weitgehend mit der Vergangenheit und ihrer Integration zu tun, geht es nun um unsere Zukunft. Der Tod ist neben der Geburt der andere Pol, aus dem unser Leben seine Spannung gewinnt.

Was erwartet uns? Lassen wir uns darauf ein, die Ungewißheit auszuhalten und weichen wir nicht aus, wenn unser Ende sich als Möglichkeit vor uns auftut, kommen tiefgreifende Prozesse in Gang. Was durch eine Analyse des Gewesenen nicht gelöst werden konnte, erfährt spätestens in der Auseinandersetzung mit der Vergänglichkeit einen Sinn und die Erkenntnis der Wachstumschance im „Stirb' und Werde".

*Martin, ein siebenunddreißigjähriger Psychoanalytiker, befindet sich in einer Krise. Ein tragischer Todesfall in seiner Familie hatte ihn an die Grenzen der ihm gegebenen Möglichkeiten geführt, seine Trauer und Verzweiflung konstruktiv zu verarbeiten. In der Gruppe macht er seiner Überzeugung Luft, daß mit dem Tode alles aus sei. Daraus entsteht ein Gespräch.*

*Sophie, eine jüngere Frau, meint, sie könne die Möglichkeit einer Wiedergeburt nicht mit ihrem Glauben vereinbaren, obwohl es ihr bei längerem Nachdenken im Grunde unerklärlich sei, warum ausgerechnet der Mensch aus diesem uns überall umgebenden zyklischen Geschehen des ewigen Wachsens und Vergehens herausgenommen sein soll. „Aber es gibt doch keine Belege für die Wiederverkörperung!?"*

*Widerspruch wird laut. Kurt, ein Religionslehrer: „Die Wiederverkörperung wurde bereits zu Christi Zeiten für möglich gehalten. An mehreren Stellen im Neuen Testament wird ganz deutlich gesagt, daß Johannes der Täufer der wiedergekommene Elias sei ... Und bei Markus und Lukas fragt Jesus die Apostel, für wen ihn die Menschen halten würden. Sie nennen verschiedene Namen von früheren Propheten. Das ergibt doch nur dann einen Sinn, wenn wir davon ausgehen, daß die Menschen damals mit dem Gedanken an ein Leben vor dem Leben vertraut gewesen sind.*

*Im übrigen ist die sogenannte Präexistenz ein urchristlicher Ansatz. Origenes, einer der Kirchenväter, sah die Seele vor der Geburt als Geistwesen, das sich seine zukünftigen Eltern aussucht, um sich mit ihrer Hilfe in einem menschlichen Körper zu inkarnieren. Mit dem Tod verläßt die Seele den Körper, um in der geistigen Welt über das vergangene Leben Bilanz zu ziehen. – Es gibt zahlreiche Berichte über dieses Phänomen, von Sterbenden und von Menschen, die bereits als klinisch tot galten und dann doch noch wiederbelebt wurden. Angehörige aller Kulturen und Religionsgemeinschaften machten Erfahrungen, die in den entscheidenden Punkten übereinstimmen: Das Leben sei vor ihnen abgelaufen wie ein Film, und sie waren mit ihren guten und schlechten Taten konfrontiert. – So unterzieht sich jeder Mensch an seinem Todestag dem Jüngsten Gericht. In wiederholten Erdenleben wird er mit Christi Hilfe durchklärt und kann stufenweise wieder aufsteigen, bis er daheim ist, im Lichtreich Gottes.*

*Erst im sechsten Jahrhundert, dreihundert Jahre nach Origenes, wurde die Präexistenz auf dem 2. Konzil von Konstantinopel in aller Form verdammt. Das war eine vorschnelle Entscheidung, im Hinblick auf die Ergebnisse der heutigen empirisch einwandfrei durchgeführten Nahtoduntersuchungen.“*

Wann immer in den Kursen solche Themen angeschnitten werden, verändert sich schlagartig die allgemeine Stimmung. Hier kommt etwas zur Sprache, das mehr vom Gefühl bestimmt als objektiv zu fassen ist. Für unsere Arbeit sind die persönlichen Erfahrungen wichtig.

*Dorothea meldet sich zu Wort. Seit einem schweren Verkehrsunfall vor acht Jahren ist sie blind. Damals machte sie die, wie sie sagt, „wichtigste Erfahrung" ihres Lebens: „Ein gewaltiger Schmerz trieb mich aus meinem Körper. Ich schwebte über mir und* sah *auf die Unfallstelle herab: mein entstelltes blutverschmiertes Gesicht, die leeren Augenhöhlen, all die Menschen, die fassungslos um mich herumstanden, den Krankenwagen. In der Intensivstation versuchte man, mich zurückzuholen. Anfangs sträubte ich mich. Aber dann erkannte ich, daß ich auch ohne meine Augen würde* sehen *können: ich war bereit, wieder zurückzugehen."*

*Und Ursula, eine alte weißhaarige Dame, berichtet von einer Vision, in der sie die geistige Welt in ihren sphärischen Unterteilungen geschaut hatte. Das Jenseits zeigte sich ihr darin nicht als abgeschlossenes Totenreich, sondern in einer Art energetischer Muster, die sich zu den verschiedenartigsten Eindrücken formten und als solche Hinweise auf die Struktur der anderen Welt geben, ohne sie je ganz zu offenbaren. „Ich war streng erzogen worden. Man hatte mir Ordnung beigebracht. Das prägte auch meine Träume und meine Phantasien. Den Tod meines Großvaters verarbeitete ich in diesem Zusammenhang.*

*Die andere Welt erschien mir wie eine Ansammlung von ‚Gebäuden', die in den Seelen all derer errichtet sind, die sich dem Verstorbenen noch in irgendeiner Weise verbunden fühlen. In diesem Bild hatte der Tote ganze Dörfer oder Städte so zu ‚bewohnen'. Je nachdem, wieviel ihn noch an die Welt der Lebenden band, reichten die Stockwerke einzelner Häuser bis in den Himmel.*

*Es war, als würde die Art und Weise, wie die Menschen gelebt hatten, die Qualität ihres späteren Aufenthaltes in diesen Häusern bestimmen. Ich stellte mir vor, wie jedes einzelne Zimmer betreten und aufgeräumt werden mußte, je nachdem, wieviele der weltlichen Angelegenheiten der Verstorbene unerledigt zurückgelassen hatte. Alle Häuser waren aufzuräumen, wieder zu verschließen, sich Stockwerk für Stockwerk emporzuarbeiten, bis schließlich der Besitzer getroffen und ihm die Schlüssel übergeben werden konnten.*

*Das zweite Erlebnis ist mehr als dreißig Jahre her. Hinter mir lag eine Fehlgeburt, die dritte innerhalb weniger Jahre. Die seelische Belastung und ein schweres Kindbettfieber hatten mir die letzten Kräfte geraubt. Ich weiß nicht, wie lange ich in jener anderen Welt gewesen war. Es erschien mir wie eine Ewigkeit, aber wahrscheinlich waren es nur Minuten.*

*Es gab keine ‚Häuser' mehr. Die festen Mauern hatten sich verwandelt, aufgelöst. Unermeßliche Gebirgszüge nahmen ihren Platz ein. Aus allen Himmelsrichtungen strebten ihnen die Seelen zu. In Terrassen angelegte Gärten spendeten ihnen erbauenden Aufenthalt. Farbenprächtige Arrangements erinnerten an die alttestamentarischen Beschreibungen des Paradieses. Während die Aufsteigenden von Stufe zu Stufe durchlichtet wurden, weitete sich der Blick, je höher sie kamen.*

*Ich weiß jetzt, daß allein die Zweifel der Zurückgebliebenen ihren Toten jene finsteren ‚Räume' schafft, in die sie einsperren, was sie nicht verstehen können."*

## Einige methodische Anmerkungen

Solche Gespräche sind äußerst hilfreich, weil sie bei den Beteiligten das Interesse wecken, bei sich selbst nachzuschauen und zum Thema eigene Aspekte zu entdecken.

Auch in der Einzelarbeit lege ich im allgemeinen sehr viel Wert darauf, daß sich mit der Erfahrung oder parallel zu ihr auch die Einsicht entwickelt.

Was bewegt uns? Wie ist dieses oder jenes zu verstehen? Was verbindet der andere, was ich damit? Sind wir uns einig? Oder gibt es andere Ansätze der Betrachtung? – Es geht dabei weniger um eine Vermittlung von Grundannahmen oder gar um eine Belehrung, sondern vor allem um den Austausch von persönlichen Einsichten und Erfahrungen.

Hier wird das spirituelle Vorfeld geklärt und mögliche Erfahrungen umschrieben.

Es kommt in den Gruppen immer mal wieder vor, daß Einzelne sich durch solche Gespräche gestört fühlen. Der Blick wird glasig, die Aufmerksamkeit läßt nach. Doch nach einigem Hin und Her entpuppt sich das in der Regel als eine gewisse Bequemlichkeit, nachzudenken und logische Schlüsse zu ziehen. Oder aber das Thema hatte gerade bei dem Betreffenden etwas

ausgelöst, und er ist bereits dadurch in einen eigenen Prozeß gekommen, ohne daß es ihm recht bewußt war.

Jeder Schritt voran ist mit Risiken verbunden. Wir betreten Neuland, wenn wir uns entwickeln. Alles muß in den Blick genommen und sich zu eigen gemacht werden. Doch sehr bald tauchen Widerstände auf. Wie leicht könnte man „ausrutschen", etwa verlieren, was man mühsam festhalten will. Man befürchtet, mit dem Neuen nicht recht fertig zu werden.

In jeder Therapie beginnt eine neue Phase, wenn der Klient erfährt, daß Verwandlung durchaus angenehm sein kann und seine anfänglichen Befürchtungen unbegründet sind. Es geht gar nicht darum, auf etwas Gewohntes völlig zu verzichten. Was wirklich zu ihm gehört, wird ihm bleiben, auch wenn er sich neu orientiert und ausdehnt. In den erweiterten Grenzen werden die alten, eingeschliffenen Verhaltensmuster transzendiert und was früher beengte und verzagt sein ließ, fördert nun gleichfalls das persönliche Wachstum.

Bis dahin ist es verständlich, daß man sich den Menschen und Umständen verschließt, durch die man in Bewegung kommen könnte. Wie oft bittet einer um Hilfe und zögert, selbst mitanzupacken, wenn es dann soweit ist. – „Wasch mir den Pelz, aber mach mich nicht naß."

Da werden Barrieren aufgebaut, wird „beim besten Willen" nicht verstanden, wo im Grund „nur" zu fühlen wäre. Statt einzusteigen, wird sich an allen möglichen Nebensächlichkeiten festgemacht und vom Eigentlichen, die eigene Person Betreffendem abgelenkt. „Was für eine merkwürdige Übung ... *Die oder den* habe ich mir ganz anders vorgestellt ... *Das* ist nichts für mich." Man hatte es ja immer schon gewußt. Auch die Nachbarn, Angehörigen, Freunde hatten abgeraten. „Bleib' doch wie du bist." Warum sich verändern? – Schnell wird alles noch fremder und bedrohlicher, und hinter jedem steckt ein vermeintlicher Gegner, der einem an den Kragen will.

Obwohl es mühsam ist und den für die anderen natürlichen Fortgang der Dinge hemmen kann, sollten solche Phasen ausgehalten werden. Es kommt nur selten vor, daß ein Teilnehmer die Gruppe verlassen oder ein Klient abgewiesen werden muß. Meist gelingt der Sprung aus der eigenen Befangenheit. Wenn die Betreffenden spüren können, daß ihre Abwehr und ihr Widerstand zuallererst mit ihnen selbst zu tun hat, regulieren sich Überspannung und Apathie, und erwächst die Bereitschaft, sich aktiv am Geschehen zu beteiligen. – Übrigens hat eine gelegentlich distanzierte und mitunter provozierende Stellung des Therapeuten ihren unbestreitbaren Sinn.

*

In unserer Arbeit geht es nicht darum, reproduzierbare Antworten zu finden oder theoretische Konzepte zu entwickeln. So kann auch offen bleiben, welche subjektiven Vorstellungen jemand mit einem Leben nach dem Tode verbindet.

Was zählt ist die Erfahrung.

## Sterben lernen

Vielen scheint das Sterben noch gar kein Thema zu sein. Sie geben vor, genug zu tun zu haben mit der Bewältigung ihres Lebens. Und in der Tat sollte unser wichtigstes Anliegen sein, die Aufgaben im Hier und Jetzt zu erfüllen.

Doch wo immer uns das Schicksal an den Rand der Verzweiflung treibt, wir der scheinbaren Sinnlosigkeit des Geschehens, Lebenskrisen, Einsamkeit, Alter, Krankheit, Tod gegenüberstehen, gelangen wir an die Grenzen unserer Weltmächtigkeit. Spätestens jetzt müssen wir erkennen, daß es nicht ausreicht, unser Bestes zu tun, alles mögliche im Griff zu haben und sich als Person zu bewähren. Auf einmal sind wir gefordert, uns einer neuen Sicht der Wirklichkeit zu stellen.

Wir hängen an im Grunde Nutzlosem, an Dingen und Besitztümern ebenso, wie an Gewohnheiten, Ansichten, Begierden, Eigenarten, Gefühlen, Zuständen, Befindlichkeiten, ja, letztlich auch an dem, was uns das Leben schwer macht – wenn es uns nur eine gewisse Identität vermittelt. „Die Neurose ist vorbei, was nun?“ Unser Ich braucht etwas, um das es kreisen kann.

Mit jedem Augenblick werden wir älter. Beziehungen gehen zu Ende. Prüfungen müssen bestanden, Berufe, Wohnungen,

Kleider gewechselt werden. Jede Veränderung in unserem Leben konfrontiert uns mit dem Schmerz des Abschieds. Worauf wir uns auch einlassen, womit wir uns identifizieren, was immer wir lieben – wir können es nicht halten. Eine Schlange muß ihre Haut zurücklassen, um mit der neuen leben zu können. Überkommenes, mitunter Liebgewonnenes loszulassen, ist wie ein kleiner Tod. Wir tun gut daran, das Sterben als Bestandteil des Lebens anzuerkennen und seine zunächst schmerzhafte, letztlich aber befreiende Botschaft anzunehmen.

Von jeher geben die klassischen Übergänge im Lebenslauf des Menschen – Geburt, Geschlechtsreife, Heirat, Elternschaft, Tod – Anlaß für erhebende Rituale, die den Betreffenden den Eintritt in neue Seins- und Erlebensweisen erleichtern. Es gibt auch heute noch Gesellschaften, die von ihren jungen Mitgliedern erwarten, Not und Entsagung zu durchleiden und sich simulierter oder echter Todesnähe auszusetzen, bevor sie in den Kreis der Erwachsenen aufgenommen werden.

Geht etwas zu Ende, entsteht ein Vakuum. Zeiten des inneren Aufruhrs, der Desorientierung und Angst gehören dazu. Die Raupe weiß nichts von der Verheißung des Schmetterlingsdaseins. Aber wenn sie die Prozedur ihrer Verwandlung durchstanden hat, sehnt sie sich gewiß nicht mehr nach dem alten Zustand zurück.

Wer beizeiten das Sterben lernt, ist vorbereitet, wenn es um die *Große Verwandlung* geht.

## Leiden als Katalysator

Je existentieller die uns berührenden Erlebnisse sind, desto weniger reicht es aus, lediglich über die Gefühle zu sprechen. Dann geht es darum, sie in ihrer unmittelbaren Brisanz zuzulassen und dem, was auftaucht, mit Respekt und Anerkennung zu begegnen.

Während besonders erfahrungsintensiver Sitzungen stellen sich oft Visionen ein, die tiefgehende persönliche Wandlungen einleiten können. Um ein Beispiel solcher Erfahrungen handelt es sich im Folgenden. Die Ausführlichkeit von Martins Bericht soll helfen, Einblick in die mitunter schmerzlichen und schwierigen Etappen zu geben, die auf dem Weg zur Klärung zu durchlaufen sind. Eingebunden in den gruppendynamischen Prozeß eines mehrtägigen Intensivkurses war es ihm möglich, über eigene Vorbehalte und Ängste hinauszugehen und sich neuen Dimensionen des Erlebens zu stellen.

Auch wenn einige Sequenzen manch einen befremdlich anmuten können, möchte ich sie hier doch nicht vorenthalten.

*„Meine erste Atemsitzung. Es fällt mir leicht, loszulassen, und bald vergesse ich das Geschehen um mich her. Entspannt begebe ich mich auf eine Entdeckungsreise durch meinen Körper. Als ich meinen Brustraum erreiche, überkommt mich plötzlich eine unbestimmte Angst, sterben zu müssen, ohne die Möglichkeiten meines Lebens voll ausgeschöpft zu haben.*

*Schlägt mein Herz noch? Ich bemühe mich, es zu spüren. Doch da sehe ich eine eklig rote Masse, die fleischig pulsiert. Entsetzen packt mich: Stählerne Ringe legen sich wie riesige Klauen um mein pochendes Herz. Unmittelbar darauf ein mittelalterlicher Kerker. Ich werde Zeuge von schrecklichen Folterszenen. Grauenhaftes Elend preßt mich immer enger zusammen …*

*Plötzlich stehe ich vor einem großen, modernen Gebäude mit vielen Fenstern. Es ist das Krankenhaus, in dem mein Vater seine letzten Tage verbrachte. Er wollte nicht mehr leben, nachdem ihn die Ärzte mit der Unheilbarkeit eines Krebsleidens konfrontiert hatten. Immer wieder malte er sich aus, wie die Krankheit ihn langsam zerfressen würde.“*

*Während der zweiten Sitzung „begegnet“ Martin noch einmal seinem Vater und kann sich mit ihm aussprechen. Als er ihn zum Abschied bittet, zu sagen, wohin er gehen wird, kann er die Antwort nicht verstehen. Er will noch einmal fragen, aber der Vater hat sich schon weit entfernt. Vergebens eilt er ihm nach. Als er schließlich erschöpft aufgibt, kommt ihm der Gedanke, er müsse erst selbst den Tod erfahren haben, bevor sein Vater ihm verständlich werden kann.*

*

Für eine solche Tiefenarbeit ist es gut, viel Zeit zu haben. Das ermöglicht einen sich zunehmend entfaltenden Prozeß, in dessen Verlauf sich die Verarbeitung des mitgebrachten Themas langsam herauskristallisiert.

Die Erfahrungen können um so leichter integriert werden, als zwischen den einzelnen Sitzungen genügend Pausen bestehen, um mit den Gegebenheiten weiter vertraut zu werden. Daher bevorzugen wir für diese Form der Gruppenarbeit die mehrtägigen Intensivkurse. Ein Wochenende genügt, um sich kennenzulernen. Für größeren Tiefgang ist Kontinuität vonnöten. Ideal ist eine längerfristige, aufbauende Arbeit. Dann kann allerdings die Teilnahme nicht für alle möglich sein, da die Aufnahmekapazität begrenzt ist.

Jede Gruppe ist einmalig, wie die Menschen, die an ihr beteiligt sind. Besonders wichtig für einen fruchtbaren Verlauf scheint zu sein, daß die Teilnehmer, auch wenn sie einander vielleicht noch fremd sind, einen Vertrauensvorschub leisten und sich auf das Geschehen einlassen.

*

*Martin hat sich in den Zeiten zwischen seinen Tiefenarbeiten aufmerksam auch auf die Erfahrungen und Reaktionen der anderen Teilnehmer eingestellt. Dadurch sind auch bei ihm neue Prozesse in Gang gekommen. – Schließlich vollzieht sich die „Not-Wende“ vor der Kulisse eines schier unfaßbaren Mysteriums.*

*„Meine Hände bewegen sich wie von unsichtbaren Fäden gezogen nach oben. Die verlängerten Fingerspitzen scheinen bis in den Himmel zu reichen ... Ganz langsam öffnen sich meine Arme und breiten sich zu beiden Seiten aus. Meine Aufmerksamkeit ist bis aufs äußerste geschärft, während der rechte Fuß sich über den linken legt. Ich bin mir jeder einzelnen Bewegung bewußt. Und dennoch ist das Geschehen nicht mehr länger durch mich bestimmt, sondern geschieht mir, wie gesteuert von einer Macht, die größer ist, als ich selbst.*

*Ich schaue zu, interessiert, aber doch irgendwie unbeteiligt, als wäre ich Zeuge eines geheimnisvollen Rituals, dessen Bedeutung mir nicht bekannt ist. Ich spüre das Kreuz, auf dem mein Leib ausgespannt wartet. Der Wunsch, mich preiszugeben, wächst ins Unermeßliche. Und verzückt öffne ich mich den harten Schlägen, mit denen mir große Eisenstifte in Hände und Füße getrieben werden* (er zeigt die großen, rotunterlaufenen Flecken in seinen Handinnenflächen).

*Als ich der Schächer gewahr werde, die meine Kleider aufteilen, überkommt mich ein Gefühl der Traurigkeit. Ich schluchze auf, verliere mich in das große WARUM, während vor mir die geknechtete Menschheit aufzieht, gepeinigt von ihren eigenen unstillbaren Sehnsüchten, Hoffnungen und Wünschen. Sie scharen sich um mich und schauen zu mir empor. Ihr Blick spiegelt die trostlose Verzweiflung der Lebenden, stumm zu sein vor dem Anblick der Endlichkeit.*

*Noch einmal krampft mein geschundenes Herz. Dann springen die eisernen Bande. Mit gewaltigen Farbexplosionen schießt die befreite Lebenskraft bis in die verborgensten Winkel meinerselbst. Plötzlich begreife ich die eigentliche Bedeutung meiner Trauer. Wie ein Sandkorn erzeugt sie Reibung, und ich muß ihrer gewahrwerden, bevor der Prozeß der Verwandlung zur Perle einsetzen kann.*

*Überwältigt von einem Gefühl der Liebe und Dankbarkeit bin ich bereit, mich allem zu stellen, was in meinem Leben noch ungelöst ist.“*

## Heilung durch Tod und Wiedergeburt

Was ist geschehen? Hier spricht ein Mensch, dem es noch vor Stunden nicht in den Sinn gekommen wäre, die Lösung seiner persönlichen Probleme außerhalb der Grenzen des naturwissenschaftlich-rationalistischen Weltbildes zu suchen.

Martin ist mit seinen Erfahrungen keine Ausnahme. In unserer Tiefenarbeit zeigt sich immer wieder ähnliches. Ab einem bestimmten Punkt wird die persönliche Ebene transzendiert, und es kommt zu jener universalen Symbolbildung, wie wir sie sonst nur aus sehr tiefangelegten Träumen kennen.

In welche Bilder sich die Erfahrungen kleiden, hängt dabei nicht nur von den persönlichen Prioritäten und unbewußten Konstellationen im Zusammenhang mit dem lebensgeschichtlichen Gewordensein des Einzelnen ab. Ein weiterer, hier nicht näher zu fassender Einflußfaktor entstammt tieferen Seelenschichten. Zwar lassen sich durchaus Ereignisse in der Lebensgeschichte finden, auf die das eine oder andere Phänomen reduziert werden kann. Doch wird man damit seiner vollen Erlebnistiefe nicht gerecht.

Die Ereignisse der persönlichen Vergangenheit sind Kristallisationspunkte für immer weiter Zurückliegendes. Eine Vierzigjährige etwa, die dazu neigt, ihre Freiheit beschränkende Beziehungen zu pflegen, als Heranwachsende von Autoritäten mißhandelt und als Kind vernachlässigt wurde, hat eine typische neurotisierende „Karriere" hinter sich.

Darüber hinaus gibt es, wie wir gesehen haben, noch weiter in die Vergangenheit zurückreichende Traumen, zum Beispiel die Enge des Geburtskanales, die jede Bewegung verhindert. Gewiß wird eine entsprechende Erfahrung von Gefühlen tiefer Ohnmacht begleitet sein. Fehlt im späteren Leben der Ausgleich, etwa durch die liebende Zuwendung der Bezugspersonen, kann die gesamte Entwicklung durch diese frühe Verbindung von Angst und Enge vorbestimmt sein.

Die besagte Frau mag ihre Vergangenheit verdrängt und Wege gefunden haben, sich angepaßt und unauffällig zu verhalten. Dennoch hängst eine sich „plötzlich" manifestierende Angst vor geschlossenen Räumen offensichtlich mit den zurückliegenden unverarbeiteten Erfahrungen zusammen. An jedem Punkt dieser Ereigniskette könnten sich neue Einsichten über die Ursprünge der Neurose auftun, ohne damit doch die ganze Bandbreite der mit ihrer Bewußtwerdung einhergehenden möglichen Erlebnisdimensionen abzudecken.

Dem Klienten muß zugestanden werden, aufgrund eigener *Erfahrung* die Zusammenhänge selbst herzustellen, aus denen seine Symptome ihre Brisanz beziehen. Daß dabei vieles ans Licht kommt, was wir (noch) nicht verstehen, ist unvermeidlich, tut aber der Wirksamkeit dieser Vorgehensweisen keinen Abbruch.

Warum tauchen früher oder später immer wieder mythologische Themen auf, die unabhängig vom kulturellen Ursprung des Betreffenden sind? Ein Inder etwa wird die *seiner* gesellschaftlichen und religiösen Prägung entsprechenden Erfahrungen ma-

chen. Doch die grundsätzlichen Aussagen stimmen mit denen des Europäers, Afrikaners oder Chinesen überein. Auch wenn die Inhalte wechseln, bleibt doch der Gehalt der Erfahrung der gleiche.

Ein Erklärungsansatz könnte in der kollektiven Verbundenheit eines Einzelnen mit den Energiefeldern aller anderen liegen. Wie bereits im Vorangegangenen erläutert, repräsentieren diese energetischen Muster Urbilder des Lebens. Mehr oder weniger ausgeprägt, schlummern sie in jedem von uns. Sie können unter bestimmten Bedingungen angeregt werden, ihre Kräfte zu entfalten und sich in den verschiedensten Erscheinungsformen in unserem Bewußtsein manifestieren. – Im Beispiel von Martin geht es um den Vollzug des Mythos' von Tod und Wiedergeburt. Die offensichtlich christliche Symbolik ist darin eine von vielen Möglichkeiten.

*„Sie fällen das riesige Kreuz und tragen mich wie aufgebahrt vorbei an zahllosen ernsten Gesichtern, die zu beiden Seiten den langen Weg säumen. Zunächst noch fremd, werden sie mir, je weiter wir kommen, vertrauter, und bald erkenne ich, daß jede Seele im tiefsten mit mir verbunden ist. Erhebende Gesänge begleiten die immer größer werdende Prozession. Plötzlich läßt mich lautes Klagen aufschauen, und ich sehe* die Mutter *in ihrer unstillbaren Trauer.*

*Alles um mich herum ist in gleißendes Licht getaucht. Hohe Flammen züngeln empor. Ich gebe mich ganz dem Feuer hin, lasse mich verzehren und fühle mich emporgehoben. Der Himmel öffnet sich. Ich bin daheim. Die Zeit steht still.*

*Schließlich vernehme ich meinen ureigensten Auftrag und erfahre mich damit neu gesandt in mein Wirkungsfeld.“*

*

Jeder Mensch lebt seinen Mythos und inszeniert das Drama der existentiellen Lebensthemen auf die ihm eigene Weise. Deutungen sind hierbei nur insoweit hilfreich, als sie das Erleben intensivieren und die direkte Betroffenheit unangetastet lassen, mit der solche Erfahrungen immer einhergehen.

*Wenn einer stirbt, nicht das allein ist Tod.*
*Tod ist, wenn einer lebt und es nicht weiß.*
*Tod ist, wenn einer gar nicht sterben kann.*
*Vieles ist Tod, man kann es nicht begraben.*
*In uns ist täglich Sterben und Geburt.*

(Rainer Maria Rilke)

# IV.
# Reisen auf dem inneren Weg

> Jede Erscheinung auf Erden ist ein Gleichnis,
> und jedes Gleichnis ist ein offenes Tor,
> durch welches die Seele, wenn sie bereit ist,
> in das Innere der Welt zu gehen vermag,
> wo du und ich Tag und Nacht alle eines sind.
>
> *Hermann Hesse*

## Wie wir *reisen* können

Wir wissen, daß auch die Worte Energiefelder um sich bilden. Sie sind „aufgeladen“ mit Erfahrungen, für die sie stehen. Bereits beim Lesen der *Reisen* kommen Sie in Kontakt mit dieser energetischen Qualität. Je tiefer Sie den Worten in sich Raum geben, desto leichter wird es, in die entsprechenden Zusammenhänge einzusteigen. Die Worte wirken direkt auf Ihre Tiefe ein, während Sie entspannen.

Liest jemand Ihnen die *Reisen* vor, kann es geschehen, daß Sie sich ganz weit weg fühlen und sich an nichts mehr erinnern. Aber alles ist angekommen. Das kann Ihnen deutlich werden, wenn Sie im Anschluß an eine solchermaßen „verschlafene“ *Reise* ein Bild malen. Mit etwas Übung und Feingefühl lassen sich beim späteren Betrachten darin meist leicht die einzelnen Reise-Etappen entschlüsseln.

Lassen Sie es sich gut gehen. Die *Reisen* bewirken eine Befreiung unserer selbst. Bedenken Sie, daß auch eventuelle Unlustgefühle, Müdigkeit oder Blockiertheit ihre Berechtigung haben. Wenn Sie sich wehren, erzeugt das Widerstand und Kampf. Energien werden nutzlos verbraucht. Sie verspannen sich und erreichen damit das Gegenteil von dem, was gut für Sie wäre.

Was jetzt noch nicht ansteht, wird Ihnen zu einem spätren Zeitpunkt zugänglich sein. Jetzt wirken nur die Impulse, für die der Boden bereitet ist. In den Kursen pflege ich darauf hinzuweisen, daß getrost vergessen oder überhört werden darf, was nicht sogleich ankommt. Vielleicht ist der eine oder andere Hinweis für einige in diesem Moment wichtig. Wer meint, nichts damit anfangen zu können, bezieht ihn nicht auf sich.

Die *Reisen* sind stufenweise aufgebaut und bringen Sie mit immer tieferen Schichten Ihrer selbst in Verbindung. Daher wird es günstig sein, sich zunächst der Reihe nach mit ihnen zu beschäftigen.

Wenn man die *Reisen* allein üben möchte, tut ein Kassettenrecorder gute Dienste.

*

Zu jeder *Reise* habe ich eine Übung für Sie ausgewählt. Sie wird Ihnen helfen, Ihre Erfahrungen zu vertiefen, vieles besser einzuordnen und auf Ihre persönliche Situation zu übertragen. Es genügt durchaus, sie zunächst nur in der Vorstellung durchzuspielen. Später wird auch die konkrete Ausführung einfach sein.

Bei Wiederholen der Übung können Ihnen immer neue Erfahrungen und Einsichten zukommen.

### Die Grenzen des Alleineübens

Wer sich in einer schwierigen persönlichen Situation befindet, oder Zweifel an seiner seelischen Stabilität hat, sollte keine Mühe scheuen, sich therapeutische Hilfe zu suchen.

Auf uns selbst gestellt erfahren wir im allgemeinen nur, was wir schon kennen. Wir drehen uns im Kreis. Und während wir anderen mitunter leichten Herzens helfen können, sind wir unseren eigenen Problemen gegenüber meist viel zu sehr verklebt.

Hinzu kommt, daß jede Erfahrung, die wir mit uns selbst machen, unsere gegenwärtige Befindlichkeit widerspiegelt. Was aus unserer Tiefe auftaucht, wenn es uns einmal nicht so gut geht, läßt sich allein nur schwer sortieren. Ein Fachmann dagegen kann gezielte Hinweise geben und helfen, die sich offenbarenden Kräfte in einen lebensfördernden Zusammenhang zu stellen.

Bedenken Sie, daß die *Reisen* Protokolle sind. Das heißt, ich habe sie aufgeschrieben, um Ihnen Erfahrungen zugängig zu machen, die andere Menschen vor Ihnen hatten – Erfahrungen, von denen ich annehme, daß sie auch Ihnen helfen können.

Wenn ein Klient sich geöffnet hat oder in einer Gruppe die persönlichen Schwerpunkte und Themen der Teilnehmer deutlich geworden sind, ergeben sich die *Reisen* aus dem Zusammenhang, in dem die Beteiligten miteinander agieren. Entsprechend der „Energie“ im Raum passen sich die Anweisungen spielerisch den unterschwelligen Prozessen an und wirken unmittelbar. Eines jeden Tiefe kommuniziert mit der des anderen, und von dorther entstehen die nötigen Impulse. – Ein Buch kann solch ein lebendiges Geschehen nicht ersetzen.

## 1. REISE

*Ordnung schaffen*

Du liegst,
spürst deinen Boden
und
das fließende (...) Ein
und Aus
deines Atems
einfach (...) Kommen-
und Gehenlassen,
einfach nur beobachten.

Du spürst
in deine Beine,
spannst jetzt
deine Beine an
und läßt
los.

Dein Kreuz
liegt schwer
auf dem Boden auf.
Du spannst
deine beiden
Gesäßhälften an.
Und loslassen.

Den Brustraum (...) anspannen
und loslassen.

Arme fest.
Und loslassen

In das Gesicht
hineinspüren,
Zähne zusammen,
Gesichtsmuskel spannen,
und loslassen.

Der Atem
fließt frei
bis
in die Zehen-
spitzen
und
bis in die
Fingerspitzen.

Stell dir vor,
du liegst
auf einer grünen Wiese
mit bunten Blumen.
Es ist ein schöner Tag.
Vögel zwitschern.
Grillen zirpen.
Alles ist gut.

Ein bunter Schmetterling
flattert davon.
Du schaust ihm nach
und siehst
in der Ferne
ein Haus.

Du stehst auf,
gehst
über die grüne Wiese
auf das Haus zu.
Dabei
genießt du
die bunte,
harmonische
Atmosphäre,
spürst
unter deinen Füßen
das Gras.

Du kommst
näher und
näher,
das Haus wird größer
und größer.
Du erkennst
Einzelheiten,
die Bauart,
die Farbe des Daches,
Fenster,
die Eingangstür.

Du gehst
auf die Tür zu,
siehst die Türklinke,
öffnest,
gehst hinein.
Vor dir ein langer
Korridor.
Du siehst an seinem Ende
eine Treppe nach oben,
gehst auf sie zu
und steigst
Stufe
um Stufe
empor,
während du tiefer
und tiefer
in dich hineinspürst.

Ganz oben
gibt es eine Tür.
Du kannst
sie öffnen.
Trete ein.
Spinngewebe und
uralter Staub.
Hier steht viel herum.

Du erkennst
Gegenstände,
Dinge von gestern
und vorgestern.
Du schaust dir alles an.
...

Du findest Schreibzeug
und ein Notizbuch.
Schlage es auf.
Benenne
einzelne Gegenstände.
Stell dir vor,
du schreibst sie auf,
groß und deutlich,
die Namen der Gegenstände.

Jetzt schaffst du dir
einen freien Platz
in der Mitte
des Raumes.
Die Gegenstände
zusammenrücken,
Stück für Stück,
aufräumen.
...

Halte Ausschau
nach einer Kerze.
Entzünde ein Licht
in der Mitte des Raumes.

Du nimmst Platz,
sitzt aufrecht
vor der Kerze
und schaust
auf das Licht.

Dein Atem fließt
ruhig
und regelmäßig.
Einfach (...) kommen
und gehenlassen.
Einfach nur beobachten.

Und während du atmest
und schaust
gehst du zurück
in die Zeit
...
und erinnerst dich
an einen der Gegenstände
läßt ihn
ganz deutlich werden.

Wie ist sein Name,
der Name
des Gegenstandes?
Wie hast du ihn genannt?
Sprich seinen Namen
jetzt für dich aus,
und frage ihn
„Was willst du
mir sagen?“
– frage
und lausche
auf die Antwort
...

Was immer du erfährst,
was immer
dir bewußt wird
– bedanke dich
für diese Antwort.
Und erinnere dich
an einen Gegenstand.
...

Nenne den Namen
des Gegenstandes
und
stelle die Frage:
„Was willst du mir sagen?“
Frage,
lausche
und vertraue
auf die Antwort.
...

Nimm dir Zeit,
um auf diesem Weg
mehr
zu erfahren,
über dich
und die Gegenstände
dort oben
im Raum.
...

Wenn dabei
andere Gedanken kommen,
Bilder,
Vorstellungen,
Gefühle,
Empfindungen des Leibes,
so ist das
vollkommen in Ordnung.
Laß' alles zu.
Und
finde immer neu
einen Gegenstand,
die Frage
und,
aus der Tiefe,
eine Antwort.
...

Jetzt
verneigst du dich,
schaust dich
noch einmal um,
löschst das Licht,
verläßt den Raum
und gehst
die Treppe hinunter,
Stufe für Stufe.

Du kommst
auf den Korridor,
gehst
durch die Tür
hinaus
und läßt sie
einen Spaltbreit geöffnet.

Locker und frei,
über die grüne Wiese,
zurück
zu deinem Ausgangsplatz.
Dort läßt du dich
nieder,
spürst
deinen Boden
und das fließende (...) Ein
und Aus
deines Atems.

Zehenspitzen bewegen,
Fingerspitzen bewegen,
recken und strecken,
nach allen Seiten.
Dehnen und gähnen.

Nehmen Sie sich Zeit, langsam herauszukommen. – Werden Sie sich noch einmal Ihrer Erfahrungen während dieser *Reise* bewußt. Es kann hilfreich sein, sich stichwortartig Notizen zu machen, zu Ihrem Erleben auf der Wiese – auf dem Weg zum Haus, beim Eintreten –, als Sie die Treppe hochgingen –, vor der Tür –, im Raum hinter der Tür ... Sind Ihnen einzelne Etappen nicht mehr bewußt? Wie fühlt sich dieses Vergessen, Nicht-Erinnern an? Auch das sind Erfahrungen. Akzeptieren Sie sie.

Wenn Sie so, stichwortartig, Ihren Weg bis in den Raum unterm Dach nachvollzogen haben, vergegenwärtigen Sie sich noch einmal Ihre Wahrnehmungen dort oben. Wie fühlt es sich an, einzutreten? Was nehmen Sie zuerst wahr? Welche Gegenstände können Sie erkennen?

Fällt es Ihnen leicht, in der Mitte des Raumes Platz zu schaffen? ... Wie ist es Ihnen vor dem Licht der Kerze ergangen? Können Sie sich neu an die Gegenstände erinnern? Wie war das, einzelne Gegenstände zu *fragen* und auf „ihre" *Antwort* zu lauschen? Was ist Ihnen dabei bewußt geworden? ...

*Übungsvorschlag*

**Das ABC der Vorstellung**

*Eine ausgezeichnete Übung für jeden Tag, um das Auftauchen innerer Bilder zu fördern, ist die* gerichtete *Vorstellung. Nehmen Sie sich Zeit, sorgen Sie für eine ruhige Atmosphäre, und entspannen Sie sich.*

*Wenn der Atem regelmäßiger wird und die Gedanken zurücktreten, stellen Sie sich eine große schwarze Tafel vor, auf der in Leuchtschrift der Buchstabe A erscheint. Intensivieren Sie seine Leuchtkraft, während Sie noch mehr entspannen, und bewahren Sie seine Erscheinung zwei, drei Atemzüge lang.*

*Löschen Sie das A und konzentrieren Sie sich wieder auf die schwarze Tafel. Erst jetzt lassen Sie den Buchstaben B entstehen und geben ihm vor Ihrem inneren Auge leuchtende Gestalt. ... – Gehen Sie auf diese Weise weiter bis zum Z. Sollte hier und da einmal die Konzentration nachlassen, entspannen Sie sich neu und setzen Sie Ihre Vorstellung bei dem Buchstaben fort, wo alles noch gut lief.*

(Für Geübte: *Gehen Sie die Buchstaben von Z zurück nach A. – Bilden Sie jeweils zwei Buchstaben auf der Tafel, später drei, dann vier. – Wenn Sie sich ganze Wörter leuchtend vorstellen können, wird es einfacher, auch die Gegenstände auf dem Dachboden so zu benennen.*)

## 2. REISE

*Den Zeitablauf umkehren*

Entspannen.
Du erinnerst dich,
wie es ist
zu ent-
spannen,
loszulassen,
ganz gelöst zu sein.

Du erinnerst dich,
und läßt diesem Gefühl
ganz viel Raum
in dir (...) Ent-
spannen.

Stell dir vor
du liegst am Strand.
Das Meer.
Die Wellen (...) kommen
und gehen.

Die Sonne scheint,
wärmt dich,
bis in deine Tiefe,
löst
auch die letzten Spannungen,
so daß du immer besser
loslassen
geschehenlassen kannst.
Du spürst
den warmen Sand
unter dir.

Und
während du daliegst
atmest,

dich wärmen läßt,
genießt,
spürst du
tiefer und
tiefer
in dich hinein,
in den gegenwärtigen
Augenblick,
läßt es
dir gut gehen.

Hier und Jetzt,
und gehst
weich
zurück in die Zeit,
in die Zeit
heute vor einem Jahr
und spürst,
spürst in diesen Zeit-Raum,
erinnerst dich,
wie es ist,
heute vor einem Jahr.
Was spürst du,
siehst du,
tust du,
heute vor einem Jahr?
...

Du schaust dir
alles an,
und gehst dabei
tiefer (...) und
tiefer.

Du löst dich
von den Eindrücken,
heute vor einem Jahr
und gehst
weich

weiter zurück,
zurück in die Zeit,
in die Zeit vor zwei Jahren.
Wie geht es dir,
heute vor zwei Jahren?
...

Weiter,
weiter zurück:
vor drei Jahren
wie geht es dir
vor drei Jahren.
...

Du nimmst
einen größeren Schritt
auf deinem Weg
zurück
weiter, heute vor sieben Jahren
geh weich dort hinein
in die Zeit
und erinnere dich,
wie es ist,
vor sieben Jahren.
...

Laß dich
noch tiefer
in die Zeit hinein los.
Und erinnere dich
wie es ist, in deinem
zwölften Lebensjahr.
Stell dir vor,
zwölf Jahre alt zu sein.
Wie ist das?

Und jetzt
bist du zehn Jahre alt,
...
sieben Jahre.
...

Du gehst
vielleicht
noch weiter zurück,
in eine Zeit,
wo du
zum ersten Mal
eine Person
dir gegenüber
spürst,
eine Person,
die etwas von dir
fordert,
ein Gebot ausspricht,
dir Grenzen setzt.
...

Schau genau hin.
Wer
steht vor dir?
...
Wie
sieht diese Person aus?
...
Was tut sie?
...
Sagt sie etwas?
...
Was widerfährt dir?
...
Wie fühlst du dich dabei?
...

Was tust du?
...
Sagst du etwas?
...
Willst du etwas sagen?

Was immer
du erfahren hast,
verabschiede dich
von der Person
oder dem Geschehen,
und komme,
komm in die Zeit,
in die Zeit, wo du
sieben Jahre alt bist
...
du bist zehn Jahre alt
...
zwölf Jahre
...
du spürst dich
in der Zeit
vor sieben Jahren
...
vor fünf Jahren
...
drei
...
zwei
...
eins
...

Du bist jetzt hier,
spürst deinen Boden
und das fließende (...) Ein
und Aus
deines Atems,

die Bewegung
in deinen Zehenspitzen
und in deinen Fingerspitzen,
das Öffnen deiner Augen,
– und die Augen schließen –
recken und strecken,
– und öffnen –
dehnen und gähnen.

Die Reise hat Sie in Ihre Vergangenheit zurückgeführt. Wie haben Sie sich in den verschiedenen Lebensaltern gefühlt? Gibt es durchgängige Themen, wo Erfahrungen sich wiederholten? Sehen Sie Zusammenhänge zwischen Ihrem jetzigen Lebensgefühl und den erinnerten Ereignissen früherer Jahre?

Wie ist es Ihnen im Verlauf dieser Rückschau ergangen? War es möglich, weich und entspannt zurückzugehen. An welche der genannten Lebensalter konnten Sie sich besonders gut erinnern? Wann war es schwieriger?

War es leicht, ein Jahr oder länger zu überspringen? Fallen Ihnen spontan Ereignisse aus der Zeit zwischen den genannten Lebensaltern ein?

Wie ging es damit, für sich eine Zeit zu finden, wo Ihnen erstmalig Grenzen gesetzt wurden! Wie alt waren Sie? Wer trat Ihnen entgegen? Was genau ist passiert? ...

Grenzen sind hilfreich, solange sie uns schützen. Ein klassisches Beispiel ist das elterliche Verbot, den heißen Ofen anzufassen.

Es gilt zu klären, ob die auf uns einwirkenden Begrenzungen die gleichen geblieben sind und auch heute noch ihre Berechtigung haben – oder ob sie uns einschränken in unserer Freiheit, selbst zu entscheiden, was richtig für uns ist, und ob sie uns die Verantwortung abnehmen, aus eigener Erfahrung zu lernen, welche Konsequenzen unser Handeln hat.

Wie haben uns die auferlegten Zurückhaltungen geformt und vielleicht auch deformiert? Sind unsere Ängste, Sorgen, Vorbehalte noch immer angemessen oder nur die unerkannten Überbleibsel einer fernen Zeit und mit unserer gegenwärtigen Situation im Grunde nicht mehr vereinbar?

Ist es noch sinnvoll, vor imponierenden Figuren steifzustehen, Stimmungen zu unterdrücken, oder einen tiefen Atemzug zu vermeiden? „Brauchen" wir unsere Herzbeschwerden, Kopfschmerzen, Übelkeiten heute wirklich noch?

Wissen wir etwas mit unserer Einsamkeit anzufangen? Entsprechen Beruf, Freunde, Lebensgefährten auch unseren inneren Gegebenheiten? Oder sind die Verhältnisse nur gewählt, weil wir gar nicht anders konnten, ja im Grunde keine andere Wahl hatten?

Um uns von all den ungezählten Wiederholungszwängen befreien zu können, müssen wir die grundlegenden Muster aufspüren und die dort gebundene Lebenskraft zu neuem Ausdruck befreien.

*Übungsvorschlag*

**Grenzen erfahren – Grenzen erweitern**

*Lassen Sie zum Tagesausklang noch einmal die Ereignisse des Tages vor Ihrem inneren Auge ablaufen. – Sie beginnen mit dem „Jetzt", gehen dann Augenblick für Augenblick, Ereignis für Ereignis, langsam in den frühen Abend hinein. Und weiter: der Nachmittag, Mittag, Vormittag und Morgen, bis zum Aufstehen. – Beobachten Sie dabei sich selbst, wie Sie sich in den einzelnen Situationen verhalten und gefühlt haben.*

*Wann immer Sie bemerken, daß der Film „gerissen" ist, geleiten Sie Ihre Aufmerksamkeit behutsam wieder zu dem letzten, noch deutlich vergegenwärtigten Bild und setzen Sie von dort Ihre Rückschau fort.*

*Wenn Sie so den Tag erinnert haben, richten Sie Ihre Aufmerksamkeit auf all die Begrenzungen und Einschränkungen, die Ihnen heute widerfahren sind. Wer oder was trat Ihnen entgegen? Wie haben Sie sich dabei gefühlt? Bleiben Sie so lange bei dem Nacherleben einer solchen „Grenzerfahrung", bis Sie sie in allen Einzelheiten in sich spüren können.*

*Gestalten Sie vor Ihrem inneren Auge die Situation um, korrigieren Sie in Ihrer Vorstellung das Ihnen Wiederfahrene, bis alles unnötig Begrenzte und Einschränkende zu der Ihnen angemessenen Form gefunden hat. Gehen Sie so durch alle Engpässe des Tages hindurch.*

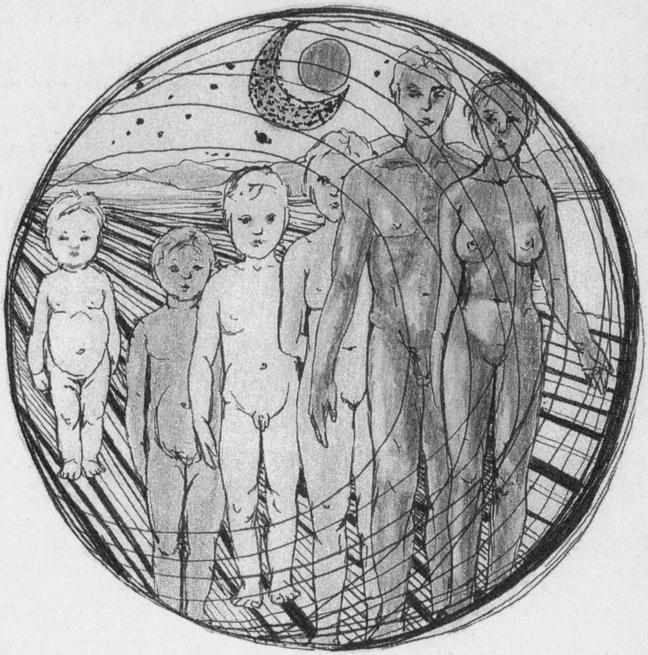

## 3. REISE

### *Der Weg des Wassers*

Laß dich ganz
zu deinem Boden hin los.
Spüre
in deinen Leib,
dorthin,
wo du den Boden
unter dir
berührst.
...
Dort
im Ausatmen
loslassen
...

Stell dir vor,
du wanderst
in gebirgiger Landschaft.
Dein Schritt ist fest,
wie der steinige Weg.
Du bist guten Mutes,
singst
ein fröhliches Lied.

Du hältst inne.
Ein Geräusch
von leise fließendem
Wasser
zieht deine Aufmerksamkeit an.
Du stehst und lauschst.
Deutliches Plätschern.
Du schaust dich um,
suchst
nach der Ursache.

Da, zwischen Gestein
entspringt eine Quelle.
Du stehst
und schaust.

Das Wasser strömt
zwischen dem Gestein
hervor.
Du verfolgst seinen Weg
durch die Landschaft,
siehst,
wie es Vertiefungen
ausfüllt.
...

Bevor
das Wasser
weiterfließt
füllt es alles aus.
Du erinnerst dich,
wie es ist,
etwas auszufüllen,
abzuschließen.

Erinnere dich
an eine Situation
in deinem Leben,
eine Begegnung,
oder Tätigkeit,
oder Begebenheit,
wo du etwas
zum Abschluß
gebracht hast.
Gib
diesem Gefühl
in dir
ganz viel Raum,
erlebe
das Geschehen

noch einmal.
...
Wie ist das,
etwas abzuschließen?

Du schaust
auf das Wasser,
spürst
deinen Atem (...) kommen
und gehen
läßt dich (...) ausfüllen,
gibst ab.
Ausatmen,
um wieder (...) aufzunehmen.

Du atmest aus
und denkst das Wort
WAS?
In den Ausatem
hineinfragen:
WAS?
Nur dieses Wort
WAS?
im Ausatem, fragend
immer wieder neu
WAS?
...
Wenn
andere Gedanken kommen,
irgendwelche Bilder,
oder Vorstellungen,
Gefühle
oder Empfindungen des Leibes,
so ist das
vollkommen in Ordnung.
Aber
sobald du bemerkst,
daß du
nicht mehr

bei dem WAS? bist,
kommst du
einfach
wieder darauf zurück.
WAS?
im Ausatmen
und dich sammeln (...) im Einatmen.
Jetzt, fragend
das Wort
BRAUCHE
in den Ausatem nehmen:
BRAUCHE?
...

Und jetzt fragend
das Wort
ICH?
...
Füge
die Worte
zusammen:
WAS
BRAUCHE
ICH?
im Ausatmen:
WAS BRAUCHE ICH?
Und im (...) Einatmen:
... lausche
... auf die Antwort.
Immer wieder neu.

Dein Atem
durchströmt dich,
mit der Frage
„Was brauche ich?“
ausatmen.
Und im (...) Ein
auf die Antwort (...) lauschen.
...

Geh,
geh zurück
zur Quelle.
Schau,
das Wasser
füllt alle Vertiefungen aus,
während dein Atem
die Frage
tief
in dich hinein
losläßt:
„Was brauche ich?“
Und
du erinnerst dich
an etwas Unerledigtes,
Offengebliebenes
in deinem Leben.
Im (...) Einatmen
(...) lauschen.
Und
im Ausatmen fragen
„Was brauche ich?“
...

Alles ist wichtig.
Was immer
dir ein-fällt
auf die Frage
– ein Wort
oder Bild,
eine Ahnung
oder ein Gefühl –
ist wichtig.
Schau es dir an.

Wenn du
tiefer gehen willst,
finde immer wieder
die Frage

und nimm die Antworten
wieder mit
in die Tiefe,
– im Ausatmen
fragen
„Was brauche ich?"
...

Das Wasser.
Geh hinein,
spüre das Strömen,
laß dich
los,
laß dich strömen.
Alles ist wichtig.
Was immer dir einfällt
auf die Frage
– ein Wort
oder Bild,
ein Ahnen
oder Fühlen,
– alles ist wichtig.
laß es zu.

Spüre das Strömen,
wie es (...) kommt
und geht.
Sei Wasser.
Laß dich strömen.

Während du
das Strömen
noch tiefer
für dich zuläßt,
findest du
immer wieder neu
die Frage
und
nimmst die Antworten

wieder mit,
in die Tiefe,
damit sie sich
weiter verwandeln können
und du
noch tiefer
und tiefer
fragen
forschen
lauschen
spüren kannst.
...

Wasser
füllt alle Vertiefungen aus.
Es strömt,
wenn der Weg bereitet ist.
Ewig und zeitlos.
Auch du,
gespeist
aus der ewigen Quelle
deiner Lebenskraft (...) Kommen-
und Gehenlassen (...) Ein
und Aus.

Wie ist es Ihnen auf dieser *Reise* ergangen? Konnte das Wasser strömen? Wohin? Beschreiben Sie die Vertiefungen. – Welche Bedürfnisse fallen Ihnen ein, die sich in Ihrem Leben nicht erfüllt haben? Machen Sie sich ein paar Notizen zu diesen „unausgefüllten Vertiefungen", und ordnen Sie zu, in welches Lebensalter sie gehören.

*Übungsvorschlag*

**„Was brauche ich?"**

*Vertiefen Sie das Bewußtsein Ihrer „Bedürftigkeit", indem Sie sich in einer stillen Stunde immer wieder neu die Frage stellen: „Was brauche ich?" Lassen Sie sich in Ihrer Vorstellung sanft in Ihre Tiefe tragen. Was immer Ihnen im Einatmen zum Bewußtsein kommt, nehmen Sie mit dem nächsten Ausatem wieder mit „nach unten".*

*Es ist nicht nötig, die Antwort zu erfassen. Registrieren Sie einfach und vorbehaltlos Ihre Gedanken, Gefühle, Vorstellungen, Empfindungen. Alles hat seine Berechtigung, darf sich Ihnen zeigen, während Sie sich mit Ihrer Frage immer tiefer lösen.*

## 4. REISE

### *Bereinigung des Unbewußten*

Du liegst
entspannt,
deine Hände
locker
neben den Hüften.
Unter den Achseln
ist Luft.
Die Fußspitzen
fallen gelöst
nach beiden Seiten.

Die Fußsohlen
öffnen.
Du atmest
durch die geöffneten
Fußsohlen (...) ein-
und aus.

Gleißendes Licht
umgibt deine Füße.
Du kannst
es einatmen,
durch die geöffneten
Fußsohlen (...) ein.
und ausatmen,
freigeben
was immer geöffnet,
befreit sein will.

Tiefer atmen.
Mehr Licht (...) aufnehmen
und strömenlassen
im Ausatmen,
noch tiefer,

und tiefer,
während
du vor dir
eine Treppe siehst,
die nach unten führt,
eine Treppe
mit zwölf Stufen.

Gleich
wirst du
den ersten Schritt tun,
und dich ganz,
tief atmend,
in die Tiefe
hinein
loslassen.

Jetzt
– die erste Stufe –,
du gehst hinunter,
spürst
deinen Boden
– für die zweite Stufe –.
Während du tiefer atmest
wirst du bereit
– die dritte Stufe –
und erinnerst dich
an etwas Unangenehmes
– gehe tiefer: die vierte Stufe –
eine Situation,
wo es dir nicht so gut ging.
Erinnere dich und spüre dabei
– die fünfte Stufe –
dein Gefühl
in dieser Situation,
– die sechste Stufe –
und laß sie los, lösche die Erinnerung
– auf der siebten Stufe –
während du frei wirst,

– auf der achten Stufe –
für etwas Schönes,
erinnere dich
– auf der neunten Stufe –
an eine Situation,
wo du rundum glücklich warst
– die zehnte Stufe –
bleibe im Atmen,
und koste es aus
– auf der elften Stufe –
sei jetzt hier,
einfach
gegenwärtig sein,
und gleich bist du
in deiner Tiefe:
die zwölfte Stufe.
...

Und dein Atem
fließt tief (...) ein
und aus.
...

Du suchst eine Tür.
...

Dort ist sie
schau, ob du
eine Inschrift findest;
das kann
ein Wort sein,
oder ein kurzer Satz.
Schau genau hin!
Was ist es?
...

Wenn du
es entziffern kannst,
öffnet sich die Tür.

Dahinter
ein Gang,
der weiter ins Dunkel führt,
tiefer und tiefer.

Der Gang wird enger
und enger!
Ganz klein
machst du dich,
bis deine Hände
den Boden berühren
und du
dich auf allen vieren
weiter voranbewegst.

Du spürst
den Boden,
das (...) Kommen
und Gehen
des Atems,
die Bewegung
deines Körpers.
Und jetzt
bemerkst du
eine kleine Vertiefung
im Boden.

Du läßt dich
hineingleiten.
Ein leises Knurren.
Du lauschst,
dein Atem stockt.
Ganz dunkel ist es.

Du spürst,
die Anwesenheit
von etwas Dunklem.
Du kriechst
aus der Vertiefung
heraus.

Bald
weitet sich
der Gang.
Du kannst
aufrecht weitergehen,
atmest auf
und siehst
ein Licht
in der Ferne.
Während du
näherkommst,
wird es größer
und größer.
Und
der Gang
wird breiter,
und mündet
in einen großen,
hellen Saal.

Die Wände
bestehen ganz aus
kristallenen Spiegeln.
In einer Ecke
führt eine Treppe
auf
eine kleine Empore.
Du steigst
hinauf und
kannst so unbemerkt
den Spiegelsaal überblicken.

Aus dem Gang
kommt ein Geräusch.
Du lauschst,
atmest
tief dabei weiter.
...

Jetzt ist deutlich
dieses Knurren
zu hören,
das du schon kennst,
aus der Vertiefung
im Boden.
Es kommt näher.

Da,
ein großes, dunkles Tier,
springt in den Saal.
Knurrend
schaut es sich um
und sieht
in den Spiegeln
viele andere
große, dunkle,
knurrende Tiere.
Böse
fletscht es die Zähne
gegen
die bösen Feinde.
Immer wütender wird es,
und von allen Seiten
wächst die Gefahr.

Alle Kräfte gespannt,
setzt es zum Sprung an,
schnellt ab
und prallt hart
gegen die feindliche Übermacht.
Geschlagen
wendet es sich und
verschwindet
laut aufheulend
im Gang.
Leere Spiegel
bleiben zurück.

Du steigst
hinunter,
stehst vor
einer dich spiegelnden
Wand.
Du schaust dir
direkt in die Augen,
fragst
mit dem Ausatem
WER BIN ICH?
und lauschst
auf die Gedanken,
Gefühle,
Bilder (...) im Ein.
Was immer
dir bewußt wird,
als Antwort,
nimm es fragend
wieder neu
in die Tiefe.
...

Dein Spiegelbild
zieht dich an,
und
je tiefer
du gehst,
mit der Frage
– Wer bin ich? –,
desto näher
rückt ihr,
du und
dein Spiegelbild,
zueinander.

Ganz nah
bist du
dem Spiegel.
Jetzt

berührt bereits
deine Nase
die glatte,
kühle Oberfläche.
Und noch näher
und näher,
bis du bemerkst,
der Spiegel gibt nach.
Ja,
du kannst hindurch.
...

Wie
geht es dir
auf der anderen Seite?
Spüre, wie es ist,
jetzt
dort zu sein.
Was immer
du fühlst und
erfährst,
nimm es an.
...

Du schaust dich um,
hältst Ausschau
nach einer Luke,
die
in den Boden
eingelassen ist.

Wenn du
sie gefunden hast,
finde einen Weg,
sie zu öffnen.
...

Nimm Platz
vor der Tiefe
und spüre

in sie hinein,
während du
dich erinnerst,
an die Tür,
oben,
am Eingang des Ganges.
Wie lautete die Inschrift?
...
Rufe das Wort
oder
den kurzen Satz
laut in die Tiefe.
...
Wiederhole es:
rufe.

Rufe und
warte.
Um unterwegs zu sein
bedarf es
der Bewegung.
Mitunter
stehen wir still
und spüren nach,
was uns fehlt,
oder
was zuviel ist,
auf unserem Weg
der Wandlung und
des Werdens.
In dir
ruht ein Wissen,
und,
auch wenn du
es nicht weißt,
es hilft dir,
unterwegs zu bleiben,
in Bewegung,

im Wachsen
und Werden.
Die Tiefe
bewahrt das Wissen
um den Weg,
um die Richtung,
um die Schwierigkeiten
und Blockaden
und Knoten,
um all das,
was dich
in deinem Leben
am meisten behindert
und aufhält.
Es gibt eine Lösung
für alles.

Rufe weiter
das Wort oder
den kurzen Satz
in die Tiefe
und warte
auf einen Hinweis,
eine Gestalt.
Sie wird heraufkommen,
sich dir zeigen,
wenn du bereit bist,
sie dir anzuschauen.
...
Was ist es,
das dich
in deinem Leben
am meisten hindert
und aufhält?

Ja,
es ist gut,
was immer

du erfahren hast;
bedanke dich
und entscheide selbst
ob du die Luke
öffnen oder
verschließen
möchtest.
Was immer du
erfahren hast,
wird dir
bewußt bleiben,
solange es
richtig
für dich ist.

Jetzt gehst du
mit deinem Wissen,
der Erfahrung oder
einer noch wachsenden Ahnung
über das,
was dich in deinem Leben
am meisten
hindert und aufhält,
du gehst
zurück
in den Spiegel-Saal,
steigst auf die
Empore
und wartest,
lauschst
auf ein fröhliches Geräusch
in der Ferne,
das näher-
und näherkommt,
durch den Gang.

Ein fröhliches Tier
steht
vor den Spiegeln

und
du schaust,
beobachtest,
was geschieht.
...

Du verläßt den Spiegel-Saal,
findest den Weg
zurück,
durch den Gang,
vorbei an der Vertiefung,
– durch die Tür,
und
stehst vor der Treppe.
Und
während du
die zwölfte Stufe berührst,
spürst du
deinen Boden
und das fließende (...) Ein
und Aus
auf der elften Stufe.
Und du erinnerst dich
an das böse Tier
– die zehnte Stufe –,
und
an den Spiegel
– die neunte Stufe –,
den Raum
hinter dem Spiegel
– die achte Stufe –
die Luke und
dein Rufen,
– die siebente Stufe –
deine Erfahrung,
du weißt es,
– die sechste Stufe –
Licht im Spiegel-Saal

und das freundliche Tier
– die fünfte Stufe –
du schaust nach oben,
dort siehst du bereits
auf der vierten Stufe
das Tageslicht,
du atmest tief
auf der dritten Stufe,
bewegst deine Fingerspitzen
und deine Zehenspitzen,
auf der zweiten Stufe,
alles ist Licht,
und die Augen öffnen,
die erste Stufe.
Sei jetzt hier.

Kommen Sie langsam zum Sitzen, achten Sie auf Ihren Atem, und erinnern Sie sich noch einmal an Ihre *Reise*-Erfahrungen.

Legen Sie eine Ihnen entsprechende Musik auf, und bewegen Sie sich. Drücken Sie im Tanz aus, was immer Sie bewegt.

Wenn Sie mit den *Reisen* arbeiten, werden Sie bemerken, daß einzelne Sequenzen Sie besonders ansprechen und wie für Sie geschaffen sind, während es an anderen Stellen schwerer fällt, die Inhalte nachzuvollziehen. Das können Hinweise auf unterschwellige Blockierungen und Widerstände sein. Es ist nicht sinnvoll, gegen sie anzugehen. Spüren Sie sich langsam heran, und erforschen Sie, was Ihnen Angst oder Unbehagen bereitet.

Sie können eine *Reise* in einzelne Abschnitte unterteilen und an mehreren Tagen nacheinander jedesmal eine neue Etappe hinzunehmen. – Für die vorangegangene *Reise* hat sich beispielsweise folgende Einteilung bewährt:

1. Tag: Gehen Sie die Treppe hinunter ...
2. Tag: ... weiter in den Gang, bis zu der unerfreulichen Begegnung.
3. Tag: Finden Sie Ihren Weg in den Spiegel-Saal.
4. Tag: Machen Sie es sich auf der Empore bequem.
5. Tag: Beobachten Sie das Verhalten des dunklen Tieres.

6. Tag: Arbeiten Sie mit dem „Wer bin ich?".
7. Tag: Nähern Sie sich dem Spiegel-Bild an.
8. Tag: Gehen Sie hindurch.
9. Tag: Feiern Sie die Erfahrung der anderen Seite.
10. Tag: Setzen Sie sich vor der Luke der Tiefe aus.
11. Tag: Gehen Sie zurück und beobachten Sie das zweite Tier.
12. Tag: Finden Sie den Weg hinaus, die Treppe hinauf.

Später, wenn Sie mit Ihren Innenwelten und den *Reisen* vertrauter sind, können Sie auch einzelne Sequenzen herausnehmen und gesondert damit arbeiten.

*Übungsvorschlag*

**Wieder träumen lernen**

*Legen Sie sich auf Ihrem Nachttisch Schreibzeug und Notizheft zurecht. In einer ruhigen Viertelstunde vor dem Zubettgehen spüren Sie noch einmal in sich hinein, von den Füßen an aufwärts bis zum Scheitel und in die Fingerspitzen. Nehmen Sie sich in Ihrer Ganzheit wahr und* stellen Sie sich vor, *Sie würden – ganz langsam – aufstehen. Beobachten Sie jede einzelne Bewegung, die Sie dabei vorwegnehmen, um „sich" zum Stehen zu bringen. Wenn „Sie" so, in Ihrer Vorstellung, vor sich stehen, lassen Sie „sich" alle Tätigkeiten erledigen, die nötig sind, bevor Sie zu Bett gehen. Bewahren Sie weiterhin Ihre Aufmerksamkeit auch für die allerkleinsten Bewegungen, die Ihr „zweites Ich" für sie ausführt, während Sie ihm dabei zuschauen.*

*Zum Schluß schicken Sie „sich" zu Bett – und folgen Sie nach: Führen Sie die Bewegungen Ihres realen Körpers in möglichst vielen Einzelheiten genauso aus, wie Sie es mit Ihrem „Spür-Leib" in Ihrer Vorstellung soeben bereits vorweggenommen hatten. Spüren Sie die Erneuerung Ihrer Ganzheit, wenn Sie sich in „sich" hineinlegen. – Bevor Sie das Licht löschen, sagen Sie sich, daß Sie aufwachen werden, sobald Sie etwas Wichtiges geträumt haben, um es aufzuschreiben und dann bis zum Morgen weiterzuschlafen. – Weitere Anregungen zur Arbeit mit Ihren Träumen finden Sie in meinem Buch „Sich selbst zur Heimat werden".*

## 5. REISE

### *Mit Erschwernissen fertig werden*

Stell dir vor,
du möchtest
verreisen.
Bevor es los geht,
überlegst du dir,
was du
mitnehmen willst.
Du hast
einen großen Rucksack
und
packst alles ein.

Du machst dich
auf den Weg,
durch Städte
und Dörfer,
über grüne Wiesen
mit bunten Blumen,
vorbei an Feldern
und Wäldern.
...

Die Sonne
steht tief
am Horizont.
Plötzlich
vor dir
ineinanderverschlungenes Grün:
Ur-
alter
Wald.
Schier undurchdringlich

scheint alles
zusammengewachsen.
Du bahnst dir
einen Weg
hindurch.

Immer tiefer
dringst du ein
in das üppige Grün
und spürst
die feuchtwarme Lebendigkeit,
das fließende (...) Ein
und Aus,
den Boden
unter deinen Füßen
und den Rucksack
mit seinem Gewicht.

Jetzt Hütten
um ein Feuer
in der Mitte
überall
Menschen,
natürlich und frei.
Du tritts hinzu,
und
sie empfangen dich
herzlich und warm.

Du bist
aufgenommen,
ein Teil der Gruppe,
und während die Sonne
untergeht,
bewegst du dich
mit den anderen
anmutig und leicht
um das Feuer,
die ganze Nacht.

In den Morgenstunden
sitzt ihr gemeinsam
und schaut in die Flammen.
Du öffnest
deinen Rucksack.
Was brauchst du
von dem,
was du
mitgebracht hast?
...
Was ist überflüssig,
Ballast,
zu viel?

Das Nötige
bewahrst du.
Was du
nicht brauchst,
übergib
nach und nach
dem Feuer,
und schau zu,
mit den anderen,
wie es verbrennt.

Lange
sitzt du und
schaust,
bis alles
verbrannt ist,
aufgezehrt
von den
kleiner werdenden Flammen.
Die Menschen
rücken näher
zusammen,
und
du fühlst dich
unter ihnen

warm und geborgen.
Dein Atem
geht ruhig und regelmäßig:

Und du träumst,
träumst
von der Freiheit
du selbst zu sein:
...

Eine Gestalt
nimmt dich
bei der Hand,
führt dich
durch die Welt
und zeigt dir,
ihren durch dich
befreiten Glanz.
...

Vorbei an Feldern
und Wäldern,
durch Städte
und Dörfer,
über Wiesen
mit bunten Blumen.
Große Weite und
ein Wissen erfüllt dich,
daß alles gut ist,
bereit, aufzunehmen,
was immer
du freigeben,
verwandeln willst.
...

Die warme
Sonne über dir.
Die Menschen sind fort,
das Feuer erloschen.

Alles,
was du
hineingegeben hast,
ist verbrannt,
bis auf eines,
das
seine Form
verändert hat.
Du nimmst es,
schaust es dir an,
und ahnst,
daß es
mit deinem Problem
zu tun hat,
mit dem,
was dich
in deinem Leben
am meisten hindert
und aufhält.

Während du
es anschaust,
wird es lebendig
und du kannst
fragen,
nach seinem Namen:
„Wer bist du?"
Lausche,
lausche auf die Antwort.
Und wenn du
sie empfangen hast,
bedanke dich
und frage:
„Was willst du von mir?"
...
und schließlich:
„Was brauchst du von mir?"

Was immer du
erfahren hast,
nimm das Lebendiggewordene
jetzt bei der Hand
und gehe
den Weg mit ihm
gemeinsam.

Ihr geht
den Pfad
zurück
in die Welt,
und
du zeigst
deinem Begleiter,
was für dich
wichtig geworden ist.
...

Ihr kommt
vor eine große Mauer.
Viele Wege
führen hindurch.
Eine Möglichkeit:
Du kannst schauen,
konzentriert,
und
durch deine Gegenwärtigkeit
wird sich
ein Durchbruch öffnen.
...

Oder
du kannst
deine Hand auflegen
und
aus der Mitte
deines Herzens
strömen lassen,

damit sich
die Härte löst.
...

Du kannst auch
einen dritten Weg
gehen,
einen Weg
mit einer
sehr alten Tradition.
Erinnere dich,
und
spüre noch einmal
die Last
deines Lebens
auf deinen Schultern.
Nimm sie an.
Öffne Augen,
Mund und Herz,
und klage
der Mauer dein Leid
– bis sie nachgibt.
...

Viele Wege
führen hindurch.
Finde den deinen.
...

Hinter der Mauer,
mit deinem Begleiter.
...
Haltet Ausschau
nach einem Garten.
...

Viele Wege
führen zum Zentrum.
...

Dort
eine kleine
weiße Kapelle.
...

Innen
auf einem steinernen Podest
eine kristallene Kugel.
Ihr schaut hinein
und seht
in ihrem Zentrum
eine geschlossene
Rosenknospe,
die sich
langsam entfaltet,
während
dein Begleiter
sich verändert
und dir
ein Freund
und Gehilfe wird.

Kommen Sie langsam zurück. – Sobald Sie Ihre Erfahrung malend oder schreibend zu Papier gebracht haben, könnten Sie jetzt einen Spaziergang unternehmen.

Suchen Sie ein Stück Natur, einen Park, ein Wäldchen, eine Wiese. Und wenn es die Witterung erlaubt, befreien Sie Ihre Füße von Schuhwerk und Strümpfen und gehen Sie barfuß umher. Finden Sie einen Gegenstand, vielleicht einen Stein, ein Stück Holz, ein Blatt. Und geben Sie diesem Ding einen Namen. Berichten Sie diesem Gegenstand von Ihren letzten *Reise*-Erfahrungen. Stellen Sie sich vor, er hört Ihnen zu und nimmt auf, was immer Sie zu sagen haben.

*Übungsvorschlag*

**Bei der Rose in die Lehre gehen**

*Listen Sie mindestens fünf Aktivitäten auf, die Ihnen Freude machen und die Sie sich, aus welchen Gründen auch immer, in letzter Zeit häufiger versagt haben.*

*Nehmen Sie sich während des Tages immer mal wieder ein paar Minuten Zeit, um zu entspannen und sich die Rosenknospe in der Kristallkugel auf dem Podest in der Gartenkapelle hinter der Mauer vorzustellen. Beobachten Sie gemeinsam mit Ihrem aus der Asche Ihres verbrannten Ballastes entstandenen Begleiter, wie sie sich entfaltet.*

*Nachdem Sie in möglichst vielen Einzelheiten auch die neuerliche Verwandlung Ihres Begleiters imaginiert haben,* feiern *Sie dieses frohe Ereignis, indem Sie sich ganz bewußt etwas Gutes tun. Haken Sie dadurch die zuvor aufgelisteten, freudvollen, aber sich nicht zugestandenen Aktivitäten ab.*

## 6. REISE

### *Einen Überblick bekommen*

Du liegst
auf dem Rücken;
der Kopf
in einer Linie
mit dem Körper,
die Hände
seitlich
neben den Hüften,
die Füße
fallen gelöst
nach links und rechts.

Dein Atem
geht ruhig
und gleichmäßig,
einfach (...) kommen-
und gehenlassen.
Einfach
nur beobachten.

Du spürst
den Boden
unter dir
und läßt dich
auf ihn ein,
tiefer
und tiefer.
Er ist fest.
Du bist
getragen,
läßt dich
tragen.

Du spürst
in deinen Rücken,
Wirbel
für Wirbel.
Spürtaube Stellen
verbindest du
in deiner Vorstellung
und läßt dich
in deinem Rücken
ganz
zum Boden hin los.
Dein Kreuz
liegt schwer
auf dem Boden auf.
Deine Schultern
öffnen sich
dem Boden.

Du bist
entspannt.
Es ist
ein schöner Tag.
Die Sonne scheint.
Über dir
der blaue Himmel.
Du spürst
nach oben,
in diese blaue Weite.
Ein paar zarte Luftwirbel
formen sich
langsam
zu einer kleinen
weißen Wolke.

Du bist
entspannt.
Die Wolke
kommt auf dich zu,

ganz nah,
so daß du eins
mit ihr wirst,
dich in sie
einbetten,
mit ihr
emporschweben
kannst.
Weich ist es,
du fühlst dich
gut
und aufgehoben.

Du schaust
hinunter
und siehst
unter dir
einen Weg,
der
aus der Ferne
kommt
und sich
am Horizont
verliert.

Du spürst,
es ist dein Weg.
Wie weit
reicht dein Blick
zurück?
...

Was
erkennst du
am Wegesrand?
...

Und
wie weit
reicht der Weg

voran?
Was erkennst du
vor dir?
...

Langsam
trägt dich die Wolke
höher
und höher.
Der Blick wird
schärfer.
Und
je höher du steigst,
desto mehr
kannst du erkennen,
hinter dir
und vor dir,
die Weite des Weges.
...

Du überblickst
noch einmal die Stationen,
die dich besonders
ansprechen,
und
läßt dich
darauf ein,
zu spüren,
wie es sein könnte,
dort anzukommen.

Sanft trägt dich
die Wolke
zurück
zu deinem Ausgangsplatz.

Wie ist es Ihnen ergangen? Konnten Sie sich auf die Vorstellung einlassen, emporgehoben zu werden? – Wenn wir unsere gegenwärtige Situation von einer übergeordneten Ebene aus betrachten, gewinnen wir Abstand von den Behinderungen und Blockierungen.

*Übungsvorschlag*

**Ziele verwirklichen**

*Versuchen Sie, Ihre Ziele ins Auge zu fassen und sich dann auf eines näher zu konzentrieren. Welche Schritte und Bedingungen werden notwendig sein, dieses Ziel zu realisieren. Notieren Sie sich die Einzelheiten.*

*Malen Sie sich aus, wie sich Ihre Vorstellungen erfüllen.*

VI

## LETZTE REISE

*Übertragung auf den Alltag*

Du liegst
entspannt,
achtest
auf das ... Kommen
und Gehen
des Atems.

Spüre
die Kleidung
auf deiner Haut
und,
stell dir vor,
sie ist weiß.
Die Kleider sind weiß.

Du atmest (...) ein
und aus
und
im (...) Einatmen
siehst du
einen roten Punkt.
Er kommt
von ferne
langsam auf dich zu,
wird größer
und größer,
während du
im (...) Einatmen
deine (...) Füße
und (...) Beine
und (...) Gesäß
und (...) Hüften
ent-
spannst.

Deine Kleider sind weiß.
Jetzt
siehst du
die Farbe Orange
größer werden,
in der
Ent-
spannung
deines (...) Rückens,
Wirbel für
Wirbel (...) Orange
das (...) Kreuzbein
die (...) Schultern
die (...) Arme
die (...) Hände
bis
in die Fingerspitzen.

Deine Kleider sind weiß.
Du spürst
zwischen
deinen (...) Augenbrauen
gelb.
Gelb wird (...) größer
und größer,
während du
dich ent-
spannst,
in deinem (...) Nacken,
im (...) Hinterkopf,
in deiner (...) Kopfhaut,
in deinem (...) Gesicht,
gelbes (...) Ent-
spannen.

Deine Kleider sind weiß.
Grünes Licht
hüllt dich ein.
Deine Gedanken (...) kommen
und gehen, wie Wolken.
Einfach
nur beobachten,
einfach (...) kommen
und gehenlassen,
während
das grüne Licht
kleiner und
kleiner wird,
immer kleiner,
bis
du ganz ruhig
und entspannt bist.
Entspannen,
einfach nur
da sein.
...

Deine Kleider sind weiß.
Über dir
ein weites,
klares Blau.
Du spürst dich
leichter und
leichter werden,
schwebst
hinein
in dieses weite,
klare Blau,
während
du weiter (...) ent-
spannst.
...

Eine Wolke
aus Lila
kommt
auf dich zu
und
du weißt,
sie ist weich
und warm.
Du kannst dich
ganz
in sie einbetten,
dich von tiefem Glück,
Wärme
und Frieden
erfüllen lassen.
...

Violett.
Du
kommst an,
spürst
den Kern
deinerselbst.
Deine Kleider sind weiß.

Von dort
gehst du
direkt
zu dir,
in den Ort
wo du lebst.
Du siehst
die Häuser,
Straßen
und die Menschen,
unter denen du lebst.
Weiß
bist du
gekleidet.

Dein Weg
führt dich
ins Zentrum.
Dort,
mitten
im Zentrum,
siehst du
ein großes Gefäß.

Über
einem heiligen Feuer
entstehen
sanfte Farbentwicklungen.

Du
schreitest darauf zu
und fühlst dich
bereit
für Verwandlung.

Du bist allein.
Die Sonne scheint,
es ist
angenehm warm.
Du entkleidest dich,
spürst
deinen Leib,
hältst jetzt
deine weißen Kleider
über
das Gefäß.

Der Stoff
nimmt Farbe an.
...
Deine Farbe.
Sie strahlt dich aus,
verhilft dir
zu eigenem Klang.

Du
setzt
dich der Sonne aus,
und
bald bemerkst du,
wie diese
deine Farbe
unter dem Licht
verbleicht.
Bald
ist der Stoff
wieder farblos,
wie zuvor.

Immer wieder
gehst du ins Zentrum,
tauchst ein
und
gibst wieder
der Sonne preis,
bis
der Stoff
deine Farbe
bewahren kann.

Gehe
durch die Straßen,
vorbei
an den Häusern,
und den Orten
wo du zuhause
bist.
Menschen kommen
auf dich zu,
sprechen dich an,
fragen dich,
erkennen dich,
nehmen dich an.

Und du
läßt es zu,
läßt dich
anerkennen,
beglücken,
gemeint sein.

Atmen Sie tief ein und aus, recken und strecken Sie sich nach allen Seiten und kommen Sie langsam zum Sitzen. Nehmen Sie sich einen Stift und Ihr Briefpapier zur Hand, schreiben Sie auf den oberen rechten Rand den Ort und das heutige Datum und beginnen Sie mit „Liebe(r) ...“. Tragen Sie dahinter den Namen eines Menschen ein, von dem Sie sich vorstellen können, daß er offen für Ihre *Reise*-Erfahrungen ist. Teilen Sie sich ihm auf diesem Wege mit. Spüren Sie nach, ob Sie diesen Brief abschicken wollen.

*Übungsvorschlag*

**Der Alltag als Übung**

*Suchen Sie sich eine beliebige Tätigkeit, die zu erledigen ist: vielleicht der Abwasch, oder das Staubsaugen, Putzen, Wischen, Aufräumen Ihrer Wohnung. ... – Je einfacher die Tätigkeit ist und je leichter Sie sie wiederholen können, desto mehr eignet sie sich. Worauf immer auch Ihre Wahl fällt, machen sie eine Übung für den inneren Weg daraus, indem Sie alles ganz bewußt tun. Sammeln Sie immer wieder neu Ihre Gedanken auf vollkommene Wachsamkeit und Ergebenheit während des Tuns.*

*Nach und nach können Sie Ihre Bewußtheit auch auf Komplexeres ausdehnen: einen Spaziergang, die Zubereitung einer Mahlzeit, das Schreiben eines Briefes, Begegnung und gemeinsames Wirken mit anderen Menschen.*

*

## Weiterführende Ratschläge

Wie Ihnen schon klargeworden sein wird: Es gibt kein besseres und sichereres Rezept, die Erfahrungen mit dem vorliegenden Buch zu vertiefen, als sich mit Gleichgesinnten zusammenzutun und gemeinsam auf die *Reise* zu gehen.

Vielleicht finden sich in ihrem Freundes- oder Bekanntenkreis Menschen, die wie Sie auf dem Weg sind und sich einen Austausch darüber wünschen. Die *Reisen* und Übungen werden Ihnen helfen, die konventionelle Beziehungsebene zu verlassen und miteinander tiefer zu kommen.

Wer auf der Suche nach neuen Kontakten ist, sollte die Möglichkeiten nutzen, an Kursen teilzunehmen. Hier besteht die Chance, wesensgemäße Beziehungen zu knüpfen und Zugang zu neuen Quellen der Lebensfreude zu gewinnen.

Jeder auf dem Weg sollte als wichtige Aufgabe erkennen: Die Menschen in Ihrer Umgebung brauchen vielleicht gerade Ihren Anstoß und eine Orientierungshilfe für Wachstum oder Erneuerung ihres Lebens – die Sie nunmehr vermitteln können.

Sollte bereits eine Übungsgruppe bestehen, wird es sich bald zeigen, daß neue Anregungen und Impulse wünschenswert werden. Für diesen Fall stehe ich Ihnen im Rahmen meiner Möglichkeiten gern mit Rat und Tat zur Verfügung.

Wer meine Arbeit und mich persönlich kennenlernen möchte, fordere bitte mein aktuelles Kursprogramm an: Seminardienst Rüdiger von Roden, Petritorwall 30 a, 3300 Braunschweig.

Für Interessenten an Einzelstunden gibt es ein extra Merkblatt.

ANHANG

# Wege zur Mitte

Im Folgenden finden Sie einige Themen aus dem Kursprogramm von Rüdiger von Roden. Auch wenn sich die Inhalte auf verschiedene Erfahrungsebenen beziehen, geht es letztlich immer um das Durchlässigwerden zum höheren Selbst hin.

Eine wesentliche Vorbedingung ist die Bereinigung des Unbewußten. Die Gruppe wird zum Spiegel, in dem die Einzelnen sich selbst erfahren können und zu Wegen und Übungen der ganzheitlichen Entwicklung finden.

## Workshops

Im Vordergrund der *Workshops* steht die Bedeutung des Übens und die persönliche Ausformung eines eigenen Planes für das Üben daheim. In der Kursarbeit liegt der Schwerpunkt nicht auf der Leistung, sondern im Anregen und behutsamen Zulassen dessen, was aufsteigen und sich gestalten will.

### Die Wirklichkeit des Augenblicks

*Transformation durch Meditation*

Im Grunde wäre alles ganz einfach: gerade sitzen, die Erde spüren, den Atem fließen lassen, sich Raum geben, ankommen, still werden im Hier und Jetzt ... – Da aber jeder weiß, wie schwer es sein kann, anzufangen und dann auch weiterzuüben, wollen wir in diesem Kurs gemeinsam Regeln für die Praxis erarbeiten.

In wohl jedem haben negative, weil nicht verarbeitete Erfahrungen der Vergangenheit Spuren hinterlassen; oft unbewußt, stören sie das Seelenleben, reichen bis tief in die Muskulatur und unsere Körperhaltung und schränken den freien Fluß der Energien ein. In der Unbeweglichkeit des Leibes während des stillen Sitzens werden uns diese Verspannungen und Blockaden wie durch ein Vergrößerungsglas bewußt, und wir können uns ihnen stellen. Alte Denk-, Fühl- und Verhaltensmuster steigen ins Bewußtsein und geben uns die Chance, sie auszuhalten und zu verwandeln.

## Spürbewußtsein entwickeln

### *Der Weg über den Körper*

Wie wir gehen, stehen, uns bewegen, sagt viel über uns aus. Im körperlichen Ausdruck spiegelt sich unsere seelische Verfassung. Die Haltungen und Verhaltungen erzählen unsere Lebensgeschichte und wirken gleichzeitig auf unsere Mitmenschen: Signale, die man verstehen lernen kann, um sinngemäß darauf zu reagieren.

Eine wesentliche Aufgabe für jeden: Spürbewußtsein für den eigenen Körper und seine Funktionen und Bedürfnisse zu entwickeln.

## Die Heilkraft deiner Hände – Die Heilkraft in dir

### *Personale Leibarbeit und spirituelle Entwicklung*

Graf Dürckheim, der große alte Mann des Zen, hat seinem Wissen um die Be-handlung des Menschen Methode gegeben: die Personale Leibtherapie. „Personal" meint hier, daß die Berührung des Leibes mehr ist, als nur das dinghafte „Anfassen". Der ganze Mensch ist gemeint, in seiner Körperlichkeit ebenso wie in seiner geistigen und seelischen Verfassung.

Die Heilkraft unserer Hände hängt zu einem bedeutenden Teil ab von der Intensität unseres Körperbewußtseins. In gemeinsamen Übungen, Gesprächen und Meditationen lernen wir, unsere inneren Energien wahrzunehmen und in unseren Händen zu zentrieren. Wir erfahren uns dabei sowohl im Geben als auch im Nehmen – im Berühren und Berührtwerden.

Die Heilkraft unserer Hände zu entdecken, führt uns über die Hände hinaus, hin zur spirituellen Dimension des Heilens und Heilwerdens. Um uns der Heilkraft in uns selbst aufzuschließen, müssen wir erfahren, welche unserer Anlagen, Fähigkeiten und Möglichkeiten zu entwickeln und welche loszulassen sind.

## Atem – Hara – Stimme

### *Lebenskraft aus der Mitte*

Die Zen-Meister nennen es „Hara" – die Erdmitte des Menschen. Es ist der Schwerpunkt in der Leibesmitte, das Zentriertsein als Anschluß an eine universale Kraft.

Es geht darum, sich in Ruhe und Bewegung, im Sitzen, Stehen, Gehen, Liegen, im Sprechen und im Schweigen auf die eigene innere Mitte hin zu spüren und zu formen.

## Ferienkurse

Die *Ferienkurse* bieten Gruppen-Erfahrung. Übungen zur Selbstentdekkung und Begegnungsfähigkeit schaffen eine Basis zu neuer Entwicklung und ermutigen, das Gelernte in den späteren Alltag einzubringen.

### Reise zu dir selbst

Unser Alltag mit seinen vielfältigen Anforderungen und Verpflichtungen erschwert oft den Weg zu uns selbst. Wir fühlen uns unausgeglichen, überanstrengt und abgespannt. In einer Gruppe Gleichgesinnter, fernab vom Alltäglichen, können wir zurückfinden in die tieferen Schichten unsererselbst. Spür- und Tastübungen, meditative Praktiken, Atmung, Tanz, Bewegung, Zeichnen ... – über die gemeinsame Erfahrung gelangen wir zu einem tieferen Verständnis unserer persönlichen Situation und lernen, ihr wach und kreativ zu begegnen.

### Sich entscheiden lernen

*Der sinnvolle Krafteinsatz für sich und andere*

Wir alle kennen das: da liegt etwas an, was angepackt oder losgelassen werden muß ... Wünsche, Vorhaben, Gefühle, Verspannungen, Empfindungen, Kränkungen, vielleicht auch Krankheit, der Beruf, eine Beziehung ... – und oft fehlt es an Mut oder der rechten Spontaneität, den Anforderungen rechtzeitig zu entsprechen. Wir lernen, auf unsere „innere Stimme“ zu lauschen, deren Sprache wir in Traumarbeit, I Ging, Meditation, kreativem Gestalten und Körperarbeit verstehen können.

### Ja zu sich selbst – Offenwerden für Begegnung

Je wacher und positiver wir uns auf uns selbst einlassen, desto leichter werden uns auch die Beziehungen zu anderen gelingen. Eine wesentliche Hilfe ist die Arbeit am Selbstbild: Wir werden uns unserer verborgenen Fähigkeiten und Möglichkeiten bewußt, erspüren unsere wahren Bedürfnisse und entwerfen eine Vision der Gestalt, zu der hin wir uns entwickeln möchten. Dazu gehört auch die Auseinandersetzung mit unseren Einschränkungen und Hemmungen und das Akzeptieren unserer Grenzen.

Von Mensch zu Mensch können wir uns dann aufbauen und stärken. Es liegt an uns selbst, erfüllende Begegnungen zuzulassen und gegenseitige Selbstverwirklichung zu erfahren.

## Der innere und der äußere Weg

### *Selbsterfahrung und meditatives Wandern*

Die Begegnungen und Begebenheiten auf unseren Wanderungen durch die Natur sind Gleichnisse für unseren eigenen inneren Weg. Ich muß mich selbst ganz, so wie ich bin, mitnehmen. Der Weg führt mich durch das Gestrüpp meiner Sehnsüchte, Hoffnungen und all die erfüllten und unerfüllten Wünsche und Erwartungen meiner Vergangenheit. Wie kommen wir voran? Wodurch werden wir gehemmt? Was ist unser Ziel? – Wir wollen uns unserer Antworten auf diese und andere Fragen bewußt werden, sie ausdrücken und neue, wesensgerechte Weisen des Unterwegsseins erproben und entwickeln. Weg ist Bewegung und letztlich Wandlung. In wechselnder Partnerübung erfahren wir Weggenossenschaft.

# **Intensivkurse**

Die Form des *Intensivkurses* ist zu empfehlen für alle, die besondere Aktivität oder Hingabe einbringen möchten für ein Experiment, das auf inneres Wachstum ausgerichtet ist: Hier wird der ganze Tag zum gemeinsamen Erlebnis.

Die Teilnehmer sind in Gruppenschlafräumen untergebracht. Die Arbeit im Kurs ist sehr dicht, und auch die „Pausen" sind in der Regel mit Kontakt und Begegnung ausgefüllt. Zur Vertiefung des gruppendynamischen Prozesses kann es angeraten sein, auch einmal die Nachtstunden in die Arbeit miteinzubeziehen.

Die Begrenzung der Teilnehmerzahl erleichtert den Kontakt und das besondere Eingehen auf persönliche Anliegen. Die Möglichkeit zum Einzelgespräch unterstützt und vertieft die Erfahrungen aus der Gruppe. Hier können spezielle Fragen geklärt und Anleitungen zu individuellen Übungen gegeben werden.

## Ja zu sich selbst – Freiwerden für Verwandlung

### *Ein initiatisches „Reinigungsritual"*

„Initiation" – Einweihung in das Geheimnis des eigenen inneren Werdens: Dieser Kurs will helfen, eine sinnvolle Balance herzustellen, zwischen Bewußtem und Unbewußtem, zwischen der Tag- und der Nachtseite unseres Selbst, zwischen dem, der wir sind, und dem, der wir werden können – wenn wir der verwandelnden Kraft eines wachsenden Selbstvertrauens und der Liebe in uns Raum geben.

Sich auf den Weg zu machen verlangt zunächst einen Rückzug von den gewohnten Umtrieben des Alltags. Früher suchte man im „Tempelschlaf" Antwort auf wichtige Lebensfragen oder Heilung von Krankheit. Auch für uns gibt es einen entsprechenden Weg zur Einkehr und Erneuerung. Er führt uns durch die *Täler der Einsamkeit und des Zweifels* direkt in die *Gruft des Verschweigens,* wo die uns selbst einschränkenden Vorstellungen und Seelenmuster ruhen, mit denen wir uns so oft das Leben schwer machen: ... ich kann nicht, wie ich will ... darf nicht so sein, wie ich bin ... ich kann mich selbst nicht akzeptieren ... – in wohl jedem von uns wirken solche und andere „Glückshemmer". Mehr oder weniger unbewußt verursachen sie all die kleinen und großen Unpäßlichkeiten, Launen und Fehlhaltungen, Erstarrungen und Krankheiten. Im *Spiegelsaal* der Begegnung werden wir noch einmal mit den Auswirkungen dieser frühen Prägungen konfrontiert, bevor uns die *Helfer des Weges* in das *Haus unserer Ganzheit* geleiten.

## Intuitives I Ging

*Das alte chinesische Orakel-Buch als Führer und Begleiter auf dem inneren Weg*

*I Ging,* das „Buch der Wandlungen", zählt zu den ältesten Überlieferungen. In ihm ist das Denken und Erkennen dreitausendjähriger asiatischer Weisheit enthalten. Wie wir selbst durch die Befragung der 64 Zeichen zu Harmonie und ganzheitlicher Lebensgestaltung kommen können, ist Thema dieses Intensivkurses.

Die energetischen Strukturen des *I Ging* korrespondieren unmittelbar mit dem Bilderreichtum unserer eigenen Seele. Hier wird nicht theoretisiert; bei intuitivem Herangehen soll der Einzelne sich motiviert fühlen, seine Selbsteinschätzung zu schärfen und ein Gefühl für Schicksalszusammenhänge zu entwickeln.

## Traum – Spiel – Gebärde – Tanz

*Wege zur Mitte*

In spontaner, intuitiver Bewegung, Form und Farbe geben wir dem, was aufsteigen will, Gestalt. – Wir sind Werdende: Das innere Kind – wieder spielen lernen. Zum Eigenen kommen – sich verwandeln – einander begegnen. Vertiefung der Aufmerksamkeit: Rückschaumeditation; der innere Dialog und die Begegnung mit dem Meister in uns; rituelles Üben von Urgebärden.

## Grenzen erfahren – Grenzen erweitern

*Zu neuen Stufen des Bewußtseins*

Es gibt Mittel und Wege, unser kreatives Potential zu entfalten und oft auch psychosomatische Krankheiten spontan zu heilen. Im Schutzraum der Gruppe werden außergewöhnliche Erfahrungen möglich. Die intensive Arbeit im Kurs ermöglicht ihre konstruktive Aufarbeitung und einen helfenden Einsatz füreinander.

## Jahresgruppe

*Aufbauende, längerfristige Gruppenarbeit*

Die zeitliche Dauer (mehrere Wochenenden über ein Jahr verteilt; mehrtägige Intensivphasen zu Beginn und am Schluß) und der organisatorische Rahmen gewährleisten ein tieferes Eindringen in sonst verschlossene Schichten.

Auch Teilnehmer aus helfenden Berufen oder solche, die ihre persönlichen und fachlichen Fähigkeiten im Umgang mit anderen erweitern wollen, lernen hier unter Supervision, ihre erworbenen Kenntnisse und Arbeitsansätze anzuwenden und zu vertiefen.

# Literaturhinweise


Assagioli, Roberto: Die Schulung des Willens, Paderborn 1982.
Becker, Ernest: Die Überwindung der Todesfurcht, Olten 1973.
Böhme, Jakob: Christosophia; Freiburg 1975.
Capra, Fritjof: Der kosmische Reigen, München 1983.
Dethlefsen, T. / Dahlke, R.: Krankheit als Weg, München 1983.
Drewermann, E. / Neuhaus, I.: Der goldene Vogel, Olten 1986.
Dürckheim, Karlfried Graf: Das Tor zum Geheimen öffnen; Freiburg 1988.
Enomiya-Lassalle, Hugo M.: Am Morgen einer besseren Welt, Freiburg 1986.
Fromm, Erich: Ihr werdet sein wie Gott, Hamburg 1980.
Glaser, Volkmar: Sinnvolles Atmen, Berlin 1957.
Grof, Stanislav: Geburt, Tod und Transzendenz, München 1985.
Inayat Khan, Hazrat: Musik, Berlin 1983.
Jaspers, Karl: Chiffren der Transzendenz, München 1984.
Johanson, Tom: Heilkraft die von innen kommt, Freiburg 1986.
Joy, Brugh: Weg der Erfüllung, Interlaken 1985.
Jung, C. G. / Wilhelm, R.: Das Geheimnis der goldenen Blüte, Olten 1971.
Kübler-Ross, Elisabeth: Was können wir noch tun?, Stuttgart 1984.
Lindemann, Hannes: Einfach entspannen, München 1983.
Lindenberg, Wladimir: Lob der Gelassenheit, Freiburg 1984.
Massa, Willi (Hrsg.): Kontemplative Meditation, Mainz 1974.
Metzner, Ralph: Hineingehen, Freiburg 1986.
Müller, Rüdiger: Wandlung zur Ganzheit, Freiburg 1981.
Nyanaponika: Geistestraining durch Achtsamkeit, Konstanz 1984.
Odent, Michel: Die sanfte Geburt, München 1978.
Ouspensky, P. D.: Auf der Suche nach dem Wunderbaren, München 1982.
Peck, M. Scott: Der wunderbare Weg, München 1986.
Perls, Frederick S.: Das Ich, der Hunger und die Aggression, München 1969.
Ram Dass, Baba: Wie kann ich helfen?, Berlin 1986.
Richter, Horst E.: Flüchten oder Standhalten, Hamburg 1976.
Ritchie, G. / Sherill, E.: Rückkehr von morgen, Marburg 1988.
Russell, Peter: Die erwachende Erde, München 1984.
Stachel, Rudolf (Hrsg.): munen musō, Mainz 1980.
Tilmann, Clemens: Weg in die Mitte, Freiburg 1982.
Trevelyan, George: Eine Vision des Wassermann-Zeitalters, Freiburg 1980.
Watts, Alan: Die sanfte Befreiung, München 1985.
Wehr, Gerhard: Karlfried Graf Dürckheim, München 1988.
Wilber, Ken: Halbzeit der Evolution; München 1981.
Zimmer, Heinrich: Der Weg zum Selbst, Düsseldorf 1981.
Zukav, Gary: Die tanzenden Wu Li Meister, Hamburg 1981.
Zwilgmeyer, Franz: Meditatives Üben, Freiburg 1985.

# Stichwortregister

## Rüdiger von Roden

Heilwerden durch sich selbst
Einführung und Einübung
auf dem Initiatischen Weg
Geleitwort von Maria Hippius
Band 995, 224 Seiten

Aus DIR mach WIR
Von der Einsamkeit zur Gemeinsamkeit
Praktische Einübungen in die Partnerschaft
Band 1147, 160 Seiten

Sich selbst zur Heimat werden
Übungen aus der Initiatischen Therapie
von Karlfried Graf Dürckheim
Vorwort: Wladimir Lindenberg
Band 1343, 128 Seiten